ゴルフ規則

2023年1月施行

JN094695

R&A USGA®

スコットランド、セントアンドルーズに本拠地を置くR&Aとニュージャージー州、リバティーコーナーに本拠地を置くUSGAは、ゴルフ規則を制定し、その解釈をすることを含み、共同してこのゲームを世界的に統轄しています。

ひとつの規則を発行するために協力しつつも、R&AとUSGAはそれぞれ別の活動管轄で運営しています。USGAはアメリカ合衆国とその準州、そしてメキシコでの規則の管理に責任を有しており、R&Aはその加盟ゴルフ団体の同意を得て、世界中のその他すべての地域での規則の管理に責任を有しています。

R&AとUSGAはいつでも規則とその解釈を修正する権限を有しています。

www.RandA.org   www.USGA.org

目次

目次

序文　2023年版ゴルフ規則

世界中のゴルファーに対して2023年1月から施行するゴルフ規則へようこそ。この新しい版は、このゲームを統括する上でR&AとUSGAを常に導いてきた原則を守りながら、10年前に始まったシンプル文言、実際的な取り組み、直観的な答えを提供するという近代化のプロセスを継続しています。私達の継続中の計画は、規則がより一貫性を持ち、シンプルで、入手しやすく、そして可能であれば、より罰を少ないものとすることです。

主要な変更は9ページから10ページに掲載されています。障がいを持つプレーヤーのためのゴルフ規則の修正は規則25としてこの規則の主要部分に組み込まれました。この重要な進展はすべてのプレーヤーがこのゲームに参加し、競うことができるようにするという私達の公約を反映しています。最新の版の中には、プレーヤーに主眼をおきながら、規則を適用する際にレフェリーと委員会を支援するために作られた内容も多くあります。私達は規則の適用を説明する図の使用を拡充し、多くの罰の規定を簡潔化しました。

役立つ情報を詳説から関連する規則へ移行しました。残しておく詳説はゴルフ規則のオフィシャルガイドの中に規定され、その数はかなり削減されています。これらの更新はR&AとUSGAのウェブサイトで四半期ごとに発表され続けます。

4年前に別冊として発行されていたゴルフ規則のプレーヤーズ版に記載されていた情報は、デジタル形式として提供されることになります。これは、私達の情報提供方法の方向性を示しており、そして、紙の印刷物やその配布を減らすことによって世界的な二酸化炭素排出量を削減する取り組みを支援しています。私達のデジタルでの提供物にはたくさんの解説動画や図とともに、よくある質問への回答を含んでいます。すべては、プレーヤーがあらゆる場所で直面する最も一般的な状況で規則を適用する際の援助を目的としています。必要な情報が掲載されている場所は、新しく強化された検索機能によって簡単に見つけることができます。

私達はこのゴルフ規則の新しい版の作成に関わった各委員会とスタッフによって行われた広範で大変な作業と、世界的な感染拡大による通常ではない難しい状況の中で貢献されたすべての皆様に感謝申し上げます。

R&A ルールズリミテッド　　　　　　　　全米ゴルフ協会
ゴルフ規則委員会　委員長　　　　　　　ゴルフ規則委員会　委員長
Doug Norval　　　　　　　　　　　　　　Kendra B. Graham

TIMELESS

ゴルフ規則は270年以上も前から存在している。継続的
な規則の改定はゴルフの原則のひとつであり、近年に
おける見直しも誰もが参加でき親しみやすく、身近な
競技にするための意義深い進化である。

PASSION

多様な能力を持つすべてのゴルファーは、競技に熱い
思いを抱いている。ゴルフ規則を向上させるための継続
的な取り組みは、あらゆるレベルでプレーする世界中の
ゴルファーたちの情熱を反映したものである。

PRECISION

ゴルフには強い意志が求められる。そして精確さが
報われる競技である。ゴルフ規則はこの精神を反映し
ゴルファー自身が責任を負う明確な基準を示している。
理解しやすく適用しやすいことを意図した、高潔かつ
品位ある規範である。

CONNECTION

進化をもたらすゴルフ規則の近代化は、ゴルファーの声
から始まった。この唯一の規則は、ゴルフのコミュニティを
ひとつにまとめ、強化するためのものである。

EVOLUTION

ゴルフの伝統は絶対的であり、その規則は絶え間なく
進化していく。ゴルフ規則の近代化は、この競技を未来へ
導くために不可欠なものである。

ROLEX

FOREVER GOLF

その品格と雄大さで普遍的に愛されるゴルフはこれからも高潔な競技であり続ける。ロレックスはR&AとUSGAとともにゴルフの規則とその未来を表す一員であることそしてゴルフを愛しプレーする人々を支える存在であることを誇りに思う。

R&A **USGA**

2023年ゴルフ規則の主要変更点

特定の規則

規則1.3c(4)　複数の規則違反に対する罰の適用

規則が改訂され、違反が関連していたのか、関連していないのかの決定はもはやその適用には関係なくなり、その結果、複数の罰が適用される事例はより少なくなるだろう。

規則3.3b(4)　スコアカードにハンディキャップを示すこと、またはスコアの加算をすることはプレーヤーの責任ではない

規則が改訂され、プレーヤーはスコアカードに自分のハンディキャップを示すことをもはや要求されない。その競技のためのプレーヤーのハンディキャップストロークを計算し、そのハンディキャップストロークをプレーヤーのネットスコアを計算するために使用することは委員会の責任である。

規則4.1a(2)　ラウンド中に損傷したクラブの使用、修理、交換

規則が修正され、クラブを乱暴に扱ったことによる損傷でなければ、プレーヤーは損傷したクラブを取り替えることが認められる。

規則6.3b(3)　誤って取り替えた球にストロークを行う

誤って取り替えた球をプレーしたことに対する罰が一般の罰から1罰打に軽減された。

規則9.3　自然の力が動かした球

新しい例外2はドロップ、プレース、リプレースした後に球がコースの他のエリアに動いた場合、その球をリプレースしなければならないことを規定している。このことは、球がアウトオブバウンズに止まった場合にも適用する。

規則10.2b　他の援助

規則10.2bは明確化と、2019年規則を補足するために2019年4月に発効された詳説の重要な原則を組み入れるために書き換えられた。

規則10.2b(1)と(2)は、キャディーまたは他の人はプレーの線や他の方向の情報(例えば、プレーヤーが旗竿の場所を見ることができないときなど)についてプレーヤーを援助するために物を置いてはならず、ストロークを行う前に置いた物を取り除くことによって罰を免れることはできないことが規定された。

規則11.1b 動いている球が偶然に人や外的影響に当たる：球をプレーしなければならない場所

規則11.1bは明確化のために書き換えられた。

規則11.1b(2)は修正され、**パッティンググリーン**からプレーされた球が虫、そのプレーヤー、そのストロークを行うために使用されたクラブに当たった場合、その球はあるがままにプレーしなければならず、そのストロークを再プレーしてはならない。

規則21.1c ステーブルフォードの罰

規則は修正され、クラブ、スタート時間、不当の遅延に関する罰が一般のストロークプレーと同じ方法でそのホールに適用されることになる。同様の修正が規則21.3c(パー/ボギーの罰)にも行われた。

規則25 障がいを持つプレーヤーのための修正

新しい規則25の導入はこの規則に規定される修正はすべての形式を含むすべての競技に適用することを目的としている。

一般的な変更

後方線上の救済の手続き

後方線上の救済の手続きは修正され、プレーヤーは線上に**ドロップ**することが求められる。ドロップしたときにその球が最初に地面に触れた線上の箇所が**救済エリア**を定め、その**救済エリア**はその地点からどの方向にも1クラブレングスとなる。この修正は規則14.3b(3)、規則16.1c(2)、規則17.1d(2)、規則19.2b、規則19.3、定義「**救済エリア**」にも反映される。

ストロークを再プレーしなければならない場合の処置の方法

「ストロークはカウントしない」(例えば規則11.1b)という文言が使用されるいくつかの規則は修正され、再プレーを要求されているのに、そうしなかった場合、関連する規則の違反となるが、失格となる可能性はもはやない。

ゴルフ規則書の使い方

ゴルフ規則は包括的であること、そして様々な能力のプレーヤーによって、多くの異なるタイプのコースで世界的にプレーされるゴルフで生じる問題への回答を与えることを意図して作られています。

このゴルフ規則書はゲームを運営する人、ゴルフ競技に関連して生じる可能性がある様々な問題に答える必要がある人のために作られています。

コースで質問に答える、あるいは規則の問題を解決しようとするとき、目次ページ(本の冒頭)は状況に関連する規則を見つけるために役立つツールとなり得るでしょう。

索引(本の巻末)もまた、状況に関連する規則を即座に特定するために役立つことがあるかもしれません。例えば、

- プレーヤーがパッティンググリーン上の自分の球を偶然に動かした場合、問題のキーワード(例えば、「球が動いた」や「パッティンググリーン」)を特定してください。

- 関連規則(規則 9.4 と規則13.1d)が索引の「球が (動かした) 」や「パッティンググリーン」といった見出しの下に見つかります。

- そうした規則を読むことで正しい答えを確認できます。

ゴルフ規則の目次や索引を用いることに加えて、以下の点がこの規則書を効果的に、正確に使う際にあなたの支援となるでしょう。

定義を知ること

70を超える定義された用語(例えば、「異常なコース状態」や「ジェネラルエリア」など)があり、規則が規定される基礎を構成しています。定義された用語(規則書全体を通じて明朝体の太字で表記され、巻末にひとつの章として記載)をよく知ることは正しい規則の適用にとても重要です。

事例の事実問題

規則についての質問に回答するために、あなたはその事例の事実問題をいささか詳しく考察しなければなりません。

あなたは以下のことを特定すべきです。

- プレー形式(あなたはマッチプレーをプレーしているのか、ストロークプレーをプレーしているのか、それは個人戦、フォアサム、あるいはフォアボールなのか、など)。
- 誰が関与しているのか(その問題はあなた、あなたのパートナーやキャディー、あなたの相手やそのキャディー、あるいは外的影響に関わるのか)。
- その出来事が起きたのはコースのどの部分なのか(バンカー内なのか、ペナルティーエリア内なのか、パッティンググリーン上なのか、など)。
- 実際に何が起きたのか。
- プレーヤーの意図は何か(プレーヤーは何をしていたのか、何をしたかったのか)。
- その問題のタイミング(プレーヤーはまだコース上にいるのか、スコアカードを提出したのか、競技は終了したのか、など)。

本を参照すること

上述したように、規則書を参照することであなたがコースで遭遇する大多数の問題への答えを見つけることができるはずです。レフェリーや委員会、そしてさらに詳細について知りたいと思う人を援助するために、一般的なプレーと競技会の計画方法についての推奨情報と共に、規則の詳説と委員会の措置を収録した新しいオフィシャルガイドを発行しています。

英語版の優先

ゴルフ規則の解釈について紛議が生じた場合、英語版の規則にしたがって解釈されます。

I

ゲームの基礎
規則1〜4

規則 1 ゲーム、プレーヤーの行動、規則

規則の目的:

規則1はプレーヤーに対してこのゲームの主要な原則を説明している:

- コースはあるがままにプレーし、球はあるがままにプレーする。
- 規則に従い、ゲームの精神の下でプレーする。
- 規則に違反した場合は、マッチプレーの相手やストロークプレーの他のプレーヤーたちより潜在的な利益を得ることがないように自分自身で罰を適用する責任がある。

1.1 ゴルフゲーム

ゴルフは1つの球を1つのクラブで打つことによって**コース**上の18ホール(またはそれ以下)の1ラウンドをプレーする。

各ホールは**ティーイングエリア**から**ストローク**をして始まり、球が**パッティンググリーン**の**ホール**に入ったとき(または規則が別途、そのホールの終了を規定しているとき)に終わる。

各ストロークについて、プレーヤーは:

- **コース**はあるがままにプレーする。
- 球はあるがままにプレーする。

しかし、規則がプレーヤーに**コース**上の状態を変えることを認める例外や、球がある場所とは違う所からその球をプレーすることを要求したり、認めたりする例外がある。

1.2 プレーヤーの行動基準

1.2a すべてのプレーヤーに期待される行動

すべてのプレーヤーは次の行動をとることによってゲームの精神の下でプレーすることが期待される:

- 誠実に行動すること−例えば、規則に従う、すべての罰を適用する、プレーのあらゆる面で正直である。

- 他の人に配慮を示すこと－例えば、速やかなペースでプレーする、他の人の安全に気を配る、他のプレーヤーの気を散らさない。プレーヤーのプレーした球が誰かに当たる危険があるかもしれない場合、プレーヤーはすぐに注意を喚起(「フォアー」のような伝統的な警告など)するべきである。
- **コースをしっかりと保護すること**－例えば、ディボットを元に戻す、**バンカー**をならす、ボールマークを修理する、不必要に**コース**を傷つけない。

この方法で行動しなかったことに対して規則に基づく罰はない。ただし、プレーヤーが重大な非行をしたと**委員会**が考えた場合、その**委員会**はゲームの精神に反する行動をしたことに対してそのプレーヤーを失格とすることができる。

「重大な非行」は、競技会からプレーヤーを排除するという最も厳しい制裁措置が正当化されるほどにゴルフで期待される規範から大きく逸脱したプレーヤーの行動である。

プレーヤーの非行に対する失格以外の罰は、それらの罰を規則1.2bに基づく行動規範の一部として採用する場合にだけ課すことができる。

1.2b　行動規範

委員会はローカルルールとして採用する行動規範の中にプレーヤーの行動についての**委員会**独自の基準を規定することができる。

- この規範にはその基準の違反に対する罰(例えば、1罰打や**一般の罰**)を含めることができる。
- **委員会**はこの規範の基準に反する重大な非行に対してプレーヤーを失格とすることもできる。

委員会の措置、セクション5I(採用することができる行動規範の基準の説明)参照。

1.3　規則に従ってプレーする

1.3a　「規則」の意味；競技の条件

「規則」という用語の意味：

- ゴルフ規則の規則1～25と、この規則の定義。
- **委員会**が競技やコースに対して採用するすべての「ローカルルール」。

プレーヤーは委員会が採用するすべての「競技の条件」(例えば、参加要件、プレー形式、プレーの日程、ラウンド数、1ラウンドのホール数、ホールの順番)にも従う責任がある。

委員会の措置、セクション5C(ローカルルール)とセクション8(認められるローカルルールひな型一式)；セクション5A(競技の条件)参照。

1.3b 規則を適用すること

(1) <u>プレーヤーは規則を適用する責任がある</u>。プレーヤーは自分自身に規則を適用する責任がある：

- プレーヤーは規則違反をしたことを認め、自分自身の罰を適用するときには正直であることが期待される。

  » プレーヤーが罰を含む規則に違反したことを知っていて、故意にその罰を適用しなかった場合、そのプレーヤーは**失格**となる。

  » 複数のプレーヤーが知っている規則や罰を適用しないことに同意してそれらのプレーヤーのうちの誰かが**ラウンド**を始めた場合、そのプレーヤーたちは**失格**となる(プレーヤーたちがその同意に関してまだ行動していなかったとしても)。

- 事実問題を決定する必要がある場合、プレーヤーはその事実に関して自分が知っている事実だけではなく、合理的に入手できるすべての他の情報についても検討する責任がある。

- プレーヤーは**レフェリー**や**委員会**に規則について援助を求めることができる。しかし、援助を合理的な時間内に受けられない場合、そのプレーヤーはプレーを続け、後にそれができるようになったときに**レフェリー**や**委員会**にその問題を提起しなければならない(規則20.1参照)。

(2) <u>規則を適用するときに、場所の決定に関するプレーヤーの「合理的な判断」を受け入れること</u>。

- 多くの規則がプレーヤーに規則に基づいて箇所、地点、線、縁、区域、またはその他の場所を決定することを要求している：

  » 球が**ペナルティーエリア**の縁を最後に横切った場所を推定すること。

  » 救済を受けるときに球を**ドロップ**、またはプレースする場所を推定したり、計測すること。

  » 球を元の箇所に**リプレース**すること(その箇所が分かっている場合か、推定する場合かにかかわらず)。

  » 球が**コース**上にあるかどうかを含め、球がある**コースエリア**を決定すること。

  » 球が**異常なコース状態**に触れているか、または中や上にあるかを決定すること。

- そのような場所に関する決定は速やかに、かつ慎重に行われる必要があるが、多くの場合、正確にはできない。

- プレーヤーが正確な決定を行うためにその状況下で合理的に期待されることを行っていれば、そのプレーヤーの合理的な判断は、たとえ**ストローク**を行った後にビデオの証拠や他の情報によりその決定が間違いであることが示されたとしても、受け入れられる。

- **ストローク**を行う前にプレーヤーが間違った決定に気づいた場合は訂正しなければならない(規則14.5参照)。

1.3c 罰

(1) **罰が生じる行為**。罰は規則違反がプレーヤー自身の行為、またはプレーヤーの**キャディー**の行為の結果である場合に適用する(規則10.3c参照)。

罰は次の場合にも適用する：

- プレーヤーや**キャディー**が行っていたとしたら規則違反となる行為をプレーヤーの要求によって別の人が行った、またはその行為を別の人が行っていることをプレーヤーが承認していた。

- 別の人がプレーヤーの球や**用具**に関連して行為を行おうとしている場合で、プレーヤーが、もしプレーヤーや**キャディー**がその行為を行っていたら規則違反になることを知っているのにそれに反対する、またはそれを止めるための合理的な対策を講じないで見ていた。

(2) **罰のレベル**。罰はプレーヤーが受ける潜在的な利益をなくすことを意図している。罰には主に3つのレベルがある：

- 1打の罰。この罰は、**マッチプレー**と**ストロークプレー**の双方において、次のいずれかの場合に特定の規則に基づいて適用する。(a)違反による潜在的な利益が少ない場合、または(b)プレーヤーが元の球が止まっていた場所とは違う所から球をプレーすることによって罰ありの救済を受ける場合。

- **一般の罰**(**マッチプレー**ではホールの負け、**ストロークプレー**では2打の罰)。この罰は、潜在的な利益が1罰打だけの適用で済む場合よりも大きいほとんどの規則の違反に対して適用する。

- 失格の罰。**マッチプレー**と**ストロークプレー**の双方において、特定の行為や規則違反があり、それが重大な非行に関わる場合(規則1.2参照)や、スコアが有効であると考えるには潜在的な利益が大きすぎる場合、プレーヤーが競技から失格となることがある。

(3) <u>罰を変える裁量はない</u>。罰は規則に規定されている通りに適用しなければならない：

- プレーヤー、**委員会**のいずれも規則とは異なる方法で罰を適用する権限はない。

- 罰の誤った適用や、罰を適用しなかったことは、それを訂正するのが遅すぎた場合にだけ、そのままとなる(規則20.1b(2)、規則20.1b(3)、規則20.2d、規則20.2e参照)。

マッチプレーでは、プレーヤーと**相手**が知っている規則や罰を適用することを無視することに同意するのでなければ、プレーヤーたちは規則問題を決定する方法に同意することができる(規則20.1b(1)参照)。

(4) **複数の規則違反に対する罰の適用**。プレーヤーが複数の規則に違反した、または同じ規則に複数回違反したことに対して複数の罰を受けるのかどうかは、介在する出来事があったのかどうか、そしてプレーヤーが何をしたのかによる。

この規則を適用する場合、2つの介在する出来事がある。

- **ストローク**の終了。

- 規則違反に気づいている、または気づく(プレーヤーが規則違反をしたことを知っている場合、そのプレーヤーが違反を知らされた場合、またはそのプレーヤーが規則に違反をしたかどうか不明確な場合を含む)。

罰は次の通りに適用される：

- <u>介在する出来事の間の複数の違反に対して適用される1つの罰</u>：プレーヤーが介在する出来事の間に複数の規則に違反した、または同じ規則に複数回違反した場合、そのプレーヤーは1つの罰だけを受ける。

    違反した規則が異なる罰である場合、プレーヤーは重い方の罰だけを受ける。

- <u>介在する出来事の前や後の違反に対して適用される複数の罰</u>：プレーヤーが規則に違反した後、介在する出来事を挟んで、同じ規則、または別の規則に違反した場合、プレーヤーは複数の罰を受ける。

    例外−動かされた球をリプレースしなかった：プレーヤーが規則9.4に基づいて動かされた球を**リプレース**することを要求されているのに、**リプレース**せずに**誤所**からプレーした場合、そのプレーヤーは規則14.7aに基づく**一般の罰**だけを受ける。

しかし、罰ありの救済を受けるためにプレーヤーが受ける罰(例えば、規則17.1,規則18.1,規則19.2に基づく1罰打)は他の罰に追加して常に適用される。

規則 2 コース

規則の目的：

規則2はコースについてすべてのプレーヤーが知っておくべき基本事項を説明している：

- 5つの定義されたコースエリアがある。
- プレーの障害となる可能性のあるいくつかの種類の定義された物や状態がある。

これらは球をプレーするときや救済を受けるときのプレーヤーの選択肢に影響を及ぼすことが多いため、球があるコースエリアと障害となっている物や状態のステータスを知ることは重要である。

2.1 コースの境界とアウトオブバウンズ

ゴルフは**委員会**によって設定された境界を持つ**コース**上でプレーする。**コース**上ではない区域は**アウトオブバウンズ**となる。

2.2 定義されたコースエリア

5つの**コースエリア**がある。

2.2a ジェネラルエリア

ジェネラルエリアはコース全体を扱っている。ただし、規則2.2bに規定されている4つの特定のコースエリアを除く。

「ジェネラルエリア」と呼ばれる理由：

- コース上の大半を占め、プレーヤーの球がパッティンググリーンに到達するまで最も頻繁にプレーされる。
- そのエリアにあるすべての種類の地面、生長または付着している物を含む(例えば、フェアウェイ、ラフ、木)。

図2.2：定義されたコースエリア

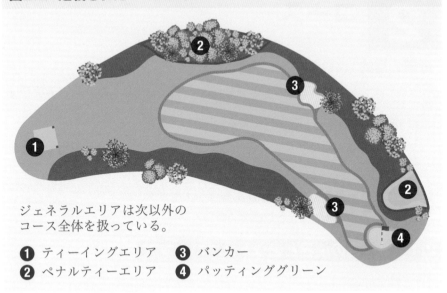

ジェネラルエリアは次以外の
コース全体を扱っている。

1 ティーイングエリア　**3** バンカー
2 ペナルティーエリア　**4** パッティンググリーン

2.2b　4つの特定のエリア

特定の規則はジェネラルエリア以外の4つの**コースエリア**に特別に適用する：

- プレーヤーがプレーするホールをスタートするときに使用しなければならないティーイングエリア(規則6.2)。

- すべてのペナルティーエリア(規則17)。

- すべてのバンカー(規則12)。

- プレーヤーがプレーしているホールのパッティンググリーン(規則13)。

2.2c　球があるコースエリアの決定

プレーヤーの球がある**コースエリア**はその球をプレーするとき、または救済を受けるときに適用する規則に影響を及ぼす。

球は常に1つの**コースエリア**にだけあるものとして扱う：

- 球の一部が**ジェネラルエリア**と4つの特定の**コースエリア**のいずれかと両方にある場合、その球はその特定の**コースエリア**にあるものとして扱う。
- 球の一部が2つの特定の**コースエリア**にある場合、球は次の順番で最初となる特定のエリアにあるものとして扱う：**ペナルティーエリア**、**バンカー**、**パッティンググリーン**。

2.3　プレーの障害となる可能性がある物や状態

特定の規則は次のような定義された物や状態による障害からの罰なしの救済(罰を受けなくてもよい救済)を与えることがある：

- **ルースインペディメント**(規則15.1)。
- **動かせる障害物**(規則15.2)。
- 異常な**コース状態**である**動物の穴**、**修理地**、**動かせない障害物**、**一時的な水**(規則16.1)。

しかし、プレーの障害となる**境界物**と**不可分な物**から罰なしの救済はない。

2.4　プレー禁止区域

プレー禁止区域は異常な**コース状態**(規則16.1f参照)、または**ペナルティーエリア**(規則17.1e参照)に定められた部分で、プレーすることは認められない。

プレーヤーは次の場合、救済を受けなければならない：

- プレーヤーの球が**プレー禁止区域**にある。
- **プレー禁止区域**が、その**プレー禁止区域**の外側にある球をプレーするときにプレーヤーの意図する**スタンス**区域、意図するスイング区域の障害となる(規則16.1fと規則17.1e参照)。

委員会の措置、セクション5I(2)(行動規範はプレーヤーにプレー禁止区域に一切入らないように命じることができる)参照。

規則 3 競技

規則の目的：

規則3はすべてのゴルフ競技の3つの主な要素を扱っている：

- マッチプレーかストロークプレーでプレーする。
- 個人としてプレーするか、サイドの1人としてパートナーと共にプレーする。
- グロススコア(ハンディキャップストロークを適用しない)か、ネットスコア(ハンディキャップストロークを適用する)のいずれかでスコアをつける。

3.1 すべての競技の主な要素

3.1a プレーの形式：マッチプレー、またはストロークプレー

(1) <u>マッチプレー、または通常のストロークプレー</u>。プレー形式が大幅に異なる：

- マッチプレー(規則3.2参照)では、プレーヤーと**相手**がホールの勝ち、負けまたはタイに基づいて互いに対して競う。
- ストロークプレーの通常の形式(規則3.3参照)では、すべてのプレーヤーが合計スコアに基づいて他のプレーヤーと競う。つまり、すべての**ラウンド**の各ホールの各プレーヤーの合計**ストローク**数(行った**ストローク**と罰打を含む)を加算する。

ほとんどの規則は両方のプレー形式に適用するが、特定の規則はどちらか1つにだけ適用する。

委員会の措置、セクション6C(11)(1つのラウンドで2つのプレー形式を同時に行う競技を運営する委員会のための検討事項)参照。

(2) <u>ストロークプレーの他の形式</u>。規則21は**ストロークプレー**の他の形式で、異なるスコアリング方式を採用しているもの(**ステーブルフォード**、**最大スコア**、**パー/ボギー**)を扱っている。規則1〜20はこうしたプレー形式にも適用するが、規則21により修正される。

3.1b　プレーヤーが競う方法：個人として、あるいはパートナーとしてプレーする

ゴルフは個々のプレーヤーが単独でプレーするか、**パートナー**たちが**サイド**として共にプレーする競技である。

規則1〜20と規則25は個人プレーを対象としているが、次の競技にも適用する：

- パートナーが関連する競技(**フォアサム**と**フォアボール**)。規則22と規則23により修正される。
- ティーム競技。規則24により修正される。

3.1c　プレーヤーがスコアをつける方法：グロススコア、またはネットスコア

(1) <u>スクラッチ競技</u>。スクラッチ競技では：

- プレーヤーのホールまたは**ラウンド**の「グロススコア」は、そのプレーヤーの合計**ストローク**数となる(行った**ストローク**と罰打を含む)。
- プレーヤーのハンディキャップは適用しない。

(2) <u>ハンディキャップ競技</u>。ハンディキャップ競技では：

- プレーヤーのホールまたは**ラウンド**の「ネットスコア」は、グロススコアをそのプレーヤーのハンディキャップストロークで調整したスコアである。
- これは技量の異なるプレーヤーがフェアな方法で競技ができるようにするためである。

3.2　マッチプレー

規則の目的：

マッチプレーには特別規則がある(特に、コンシードと、すでに行ったストローク数についての情報を与えることについて)。その理由は、プレーヤーと相手は：

- すべてのホールで単に互いに対して競う。
- 互いのプレーを見ることができる。
- プレーヤー自身の利益を守ることができる。

3.2a　ホールとマッチの結果

(1) <u>ホールの勝ち</u>。次の場合、プレーヤーはホールの勝ちとなる：

- プレーヤーが**相手**よりも少ない**ストローク**(行った**ストローク**と罰打を含む)でそのホールを終了した。

- **相手**がそのホールをコンシードした。

- **相手**が**一般の罰**(ホールの負け)を受けた。

そのホールをタイとするためには動いている**相手**の球が**ホール**に**入る**必要がある場合で、その球が**ホール**に**入る**合理的な可能性がないときに(例えば、**ホール**を通り過ぎて転がり、戻って来ることはない)、誰かによって方向を故意に変えられたり、止められたときは、そのホールの結果はプレーヤーが勝ったものとして決定される(規則11.2a、例外参照)。

(2) <u>ホールのタイ</u>。次の場合、ホールはタイ(通称「ハーフ」)となる：

- プレーヤーと**相手**が同じ**ストローク**数(行った**ストローク**と罰打を含む)でホールを終了した。

- プレーヤーと**相手**がそのホールをタイとして扱うことに同意した(しかし、これは少なくともプレーヤーの1人がホールを始めるために**ストローク**を行った後においてのみ認められる)。

(3) <u>マッチの勝ち</u>。次の場合、プレーヤーはマッチの勝ちとなる：

- プレーヤーが残りのホール数よりも多く**相手**をリードした。

- **相手**がマッチをコンシードした。

- **相手**が失格となった。

(4) <u>タイのマッチの延長</u>。最終ホールを終えてマッチがタイの場合：

- そのマッチを勝者が決まるまでその都度1ホールを延長する。規則5.1参照(延長したマッチは同じ**ラウンド**の継続であり、新しい**ラウンド**ではない)。

- ホールは、**委員会**が別の順番を設定しているのでなければ、その**ラウンド**と同じ順番でプレーする。

しかし、競技の条件でマッチを延長するのではなくタイで終わらせることを規定することができる。

(5) <u>結果が最終となるとき</u>。マッチの結果は**委員会**が決めた方法で最終となる(その方法は競技の条件に明記するべきである)。例えば：

- 結果を公式のスコアボード、または他の特定の場所に表示したとき。
- 結果を**委員会**が特定した人に報告したとき。

委員会の措置、セクション5A(7)(マッチの結果を最終とする方法に関する推奨)参照。

3.2b コンシード

(1) **プレーヤーはストローク、ホール、マッチをコンシードすることができる**。プレーヤーは**相手**の次の**ストローク**、ホール、またはそのマッチをコンシードすることができる:

- <u>次の**ストローク**のコンシード</u>。**相手**が次の**ストローク**を行う前であればいつでも認められる。

  » **相手**はコンシードされた**ストローク**を含めたスコアでホールを終了したことになる。その球は誰が取り除いてもよい。

  » **相手**の球が直前の**ストローク**の後でまだ動いている間に行ったコンシードは**相手**の次の**ストローク**に適用する。ただし、その球が**ホール**に入った場合を除く(この場合、そのコンシードは問題とはならない)。

  » プレーヤーは動いている**相手**の球の方向を変えたり、止めることによって**相手**の次の**ストローク**をコンシードすることができるが、それらの行為を次の**ストローク**をコンシードするために明確に行っている場合で、球が**ホール**に入る合理的な可能性がないときに限る。

- <u>ホールのコンシード</u>。プレーヤーがホールをスタートする前を含め、ホールが終了する前であればいつでも認められる(規則6.5参照)。

  しかし、プレーヤーと**相手**はそのマッチを短縮するために互いにホールをコンシードすることに合意することは認められない。プレーヤーたちがそうすることは認められていないことを知っていた場合、そのプレーヤーたちは**失格**となる。

- <u>マッチのコンシード</u>。プレーヤーがマッチをスタートする前を含め、マッチの結果が決定する前であればいつでも認められる(規則3.2a(3)と(4)参照)。

(2) <u>**コンシードを行う方法**</u>。コンシードは明確なやりとりがあった場合にのみ成立する:

- コンシードは言葉、または**ストローク**、ホール、マッチをコンシードするプレーヤーの意図を明らかに示す行為(例えば、身振り手振り)のいずれ

かで成立する。

- プレーヤーの発言や行為が次の**ストローク**、ホール、マッチをコンシードしたものと誤解を与えてもやむを得ないものであったために**相手**が規則に違反して自分の球を拾い上げた場合、罰はなく、その球は元の箇所(分からない場合は推定しなければならない)に**リプレース**しなければならない(規則14.2参照)。

コンシードは最終で、辞退することも撤回することもできない。

3.2c ハンディキャップマッチでのハンディキャップの適用

(1) ハンディキャップの宣言。プレーヤーと**相手**はマッチの前に互いにハンディキャップを伝えるべきである。

プレーヤーがマッチの前またはその最中のいずれかで間違ったハンディキャップを宣言し、そして**相手**が次の**ストローク**を行う前にその誤りを訂正しなかった場合:

- 宣言したハンディキャップが多すぎる。このことがプレーヤーが与えたり受けたりする**ストローク**数に影響した場合、プレーヤーは**失格**となる。影響しなければ、罰はない。
- 宣言したハンディキャップが少なすぎる。罰はなく、プレーヤーは宣言した少ないハンディキャップをそのプレーヤーが与える、または受ける**ストローク**数を計算するために使用しなければならない。

(2) ハンディキャップストロークが適用されるホール。

- ハンディキャップストロークがホールごとに与えられ、ネットスコアが少ない方がそのホールの勝ちとなる。
- タイのマッチが延長される場合、ハンディキャップストロークがその**ラウンド**と同じ方法でホールごとに与えられるが、**委員会**が別の方法を設定する場合を除く。

委員会が設定したハンディキャップストロークの割り当て(普通は**スコアカード**上に記載されている)に基づいて、ハンディキャップストロークを与えたり、受けるホールを知っておくことは、各プレーヤーに責任がある。

プレーヤーたちがあるホールにハンディキャップストロークを適用しなかった、または誤ってハンディキャップストロークを適用した場合、その同意したホールの結果がそのまま有効となるが、プレーヤーたちが時間内にその誤りを訂正した場合を除く(規則3.2d(3)参照)。

3.2d プレーヤーと相手の責任

(1) <u>すでに行ったストローク数について相手に教えること</u>。ホールのプレー中、またはホールを終了した後、いつでも、相手はプレーヤーがそのホールですでに行ったストローク数(行ったストロークと罰打を含む)についてそのプレーヤーに尋ねることができる。

これにより相手は次のストロークやそのホールの残りをどのようにプレーするのかを決定することができるし、終了したばかりのホールの結果を確認することができる。

すでに行ったストローク数を尋ねられた場合、あるいは尋ねられていなくても情報を教える場合:

- プレーヤーはすでに行った正しいストローク数を教えなければならない。

- 相手の要求に答えなかったプレーヤーは、すでに行った正しいストローク数を教えなかったものとして扱われる。

プレーヤーが相手に間違ったストローク数を教えていた場合、次の時間内にその誤りを訂正しなかったとき、そのプレーヤーは一般の罰(ホールの負け)を受ける:

- <u>ホールのプレー中に教えられた間違ったストローク数</u>。プレーヤーは相手が別のストロークを行う前に、あるいは類似の行動をとる前に(例えば、そのプレーヤーの次のストロークやホールをコンシードする)、すでに行った正しいストローク数を教えなければならない。

- <u>ホール終了後に教えられた間違ったストローク数</u>。プレーヤーは次の時間内にすでに行った正しいストローク数を教えなければならない:

  » いずれかのプレーヤーが別のホールを始めるためのストロークを行うか、同様の行為(例えば、次のホールやマッチをコンシードする)を行う前。

  » そのマッチの最終ホールの場合は、マッチの結果が最終となる前(規則3.2a(5)参照)。

例外ーホールの結果に影響しなければ罰はない:ホール終了後、プレーヤーがすでに行った正しいストローク数を教えなかったが、そのホールの勝ち負け、またはタイについて相手の認識に影響を及ぼさなかった場合、罰はない。

(2) <u>罰を受けたことを相手に教えること</u>。プレーヤーが罰を受けた場合:

- 相手との距離や他の現実的な要素を考慮し、合理的にできる限り速やか

に、その罰を**相手**に教えなければならない。それは必ずしも**相手**が次の**ストローク**を行う前にその罰を**相手**に教えなければならないということではない。

- この要件は、プレーヤーがその罰について知らなかったとしても適用する(なぜなら、プレーヤーたちは規則違反をしたときにはそれを認識するべきであるので)。

プレーヤーがそれをせず、**相手**が別の**ストローク**を行う前に、あるいは同様の行動(例えば、そのプレーヤーの次の**ストローク**やホールをコンシード)をとる前にその誤りを訂正しなかった場合、そのプレーヤーは**一般の罰(ホールの負け)**を受ける。

例外-相手がプレーヤーの罰を知っていた場合は罰はない:相手がプレーヤーが罰を受けたことを知っていた場合(例えば、プレーヤーが明らかに罰ありの救済を受けていることを見ていた場合)、プレーヤーが罰を**相手**に教えなかったことに対する罰はない。

(3) <u>**マッチのスコアを知ること**</u>。プレーヤーはマッチのスコア、つまりどちらが具体的に何ホールリードしているのか(マッチの「勝ち越しホール数」)、あるいは、そのマッチはタイ(通称「オールスクエア」)なのかどうかを知っていることを期待される。

プレーヤーたちが間違ったマッチのスコアに誤って同意した場合:

- いずれかのプレーヤーが別のホールをスタートするための**ストローク**を行う前に、または最終ホールの場合にはマッチの結果が最終となる前に(規則3.2a(5)参照)、そのマッチのスコアを訂正することができる。

- その時間内に訂正しなかった場合、間違ったスコアがそのマッチの実際のスコアとなる。

例外-プレーヤーが時間内に裁定を要請した場合:プレーヤーが適時に裁定を要請し(規則20.1b参照)、相手が(1)すでに行った正しい**ストローク**数を教えなかったか、(2)罰をプレーヤーに教えていなかったことが分かった場合、マッチの間違ったスコアを訂正しなければならない。

(4) <u>**自身の権利と利益を守ること**</u>。マッチのプレーヤーは規則に基づく自らの権利と利益を守るべきである:

- 相手が罰のある規則に違反したことをプレーヤーが知っているか、そう思う場合、プレーヤーはその違反に関して行動するかしないかを選ぶことができる。

- しかし、プレーヤーと**相手**が適用となる違反や罰を知っているのに、それを適用しないことに同意して、いずれかのプレーヤーが**ラウンド**をスタートした場合、両者は規則1.3bに基づいて失格となる。

- プレーヤーと**相手**が、どちらかに規則違反があったかについて意見が合わない場合、いずれのプレーヤーも規則20.1bに基づいて裁定を要請することによって自らの権利を守ることができる。

レフェリーがひとつのマッチの**ラウンド**全体に割り当てられた場合、その**レフェリー**は自分が目にしたり、報告されたすべての規則違反に対応する責任がある(規則20.1b(1)参照)。

3.3 ストロークプレー

規則の目的:

ストロークプレーには特別規則(特にスコアカードやホールアウトについて)がある。その理由は:

- 各プレーヤーはその競技のすべての他のプレーヤーと競うため。
- すべてのプレーヤーが規則に基づいて平等に扱われる必要があるため。

ラウンド後、プレーヤーと**マーカー**(プレーヤーのスコアを記録する人)は、そのプレーヤーの各ホールのスコアが正しいことを証明しなければならず、そのプレーヤーはそのスコアカードを委員会に提出しなければならない。

3.3a ストロークプレーの勝者

最も少ない合計**ストローク**数(行った**ストローク**と罰打を含む)ですべての**ラウンド**を終えたプレーヤーが勝者となる。

ハンディキャップ競技では、最も少ない合計ネットスコアのプレーヤーが勝者となる。

委員会の措置、セクション5A(6)(競技の条件はタイの決定方法を規定するべきである)参照。

3.3b　ストロークプレーのスコアリング

プレーヤーのスコアは**マーカー**がそのプレーヤーの**スコアカード**に記録する。**マーカー**は**委員会**が特定した人、または**委員会**が承認した方法でプレーヤーが選んだ人のいずれかとなる。

プレーヤーは**ラウンド**全体で同じ**マーカー**でなければならないが、**委員会**が**マーカー**の変更の前、または後にその変更を承認した場合を除く。

(1) **マーカーの責任：スコアカードにホールのスコアを記入し、証明すること。**
　　ラウンド中の各**ホール**終了後に、**マーカー**はその**ホール**の**ストローク**数 (行った**ストローク**と罰打を含む)をプレーヤーに確認し、そのグロススコアを**スコアカード**に記入するべきである。

　　ラウンドが終了したとき：

- **マーカー**は**スコアカード**の**ホール**のスコアを証明しなければならない。

- プレーヤーに複数の**マーカー**がいた場合、各**マーカー**は**マーカー**をしていた**ホール**のスコアを証明しなければならない。しかし、その**マーカー**達の一人がそのプレーヤーがすべての**ホール**をプレーするのを見ていた場合、その**マーカー**はすべての**ホール**のスコアを証明することができる。

　　マーカーは自分が間違っていると考える**ホール**のスコアを証明することを拒否することができる。そのような場合、**委員会**はそのプレーヤーのその**ホール**のスコアについて利用できる証拠を考慮して裁定をする必要がある。その**マーカー**がそのプレーヤーのスコアを証明することを依然として拒否する場合、その**委員会**はその**ホール**のスコアを証明するか、あるいは問題となっているその**ホール**のプレーヤーの行動を見ていた誰かによる証明を受け入れるべきである。

　　マーカー(プレーヤーでもある)が、ある**ホール**についての間違ったスコアを知っていて証明した場合、その**マーカー**を規則1.2aに基づいて失格とすべきである。

図3.3b：ハンディキャップストロークプレーのスコアカードの責任

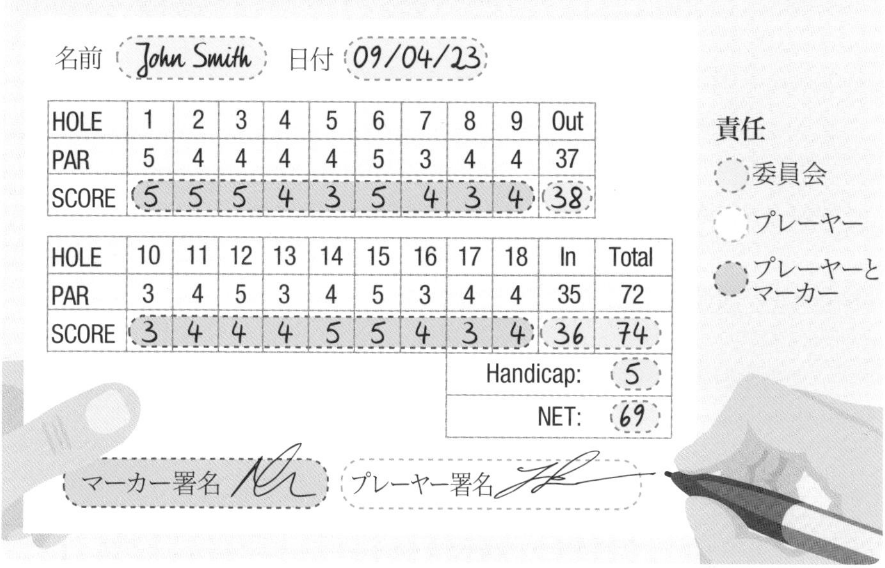

名前 ⌈John Smith⌉ 日付 ⌈09/04/23⌉

HOLE	1	2	3	4	5	6	7	8	9	Out
PAR	5	4	4	4	5	4	5	3	4	4	37
SCORE	5	5	5	4	5	5	4	3	4	38

HOLE	10	11	12	13	14	15	16	17	18	In	Total
PAR	3	4	5	3	4	5	3	4	4	35	72
SCORE	3	4	4	4	5	5	4	3	4	36	74

Handicap:	5
NET:	69

責任：
○ 委員会
○ プレーヤー
● プレーヤーと
   マーカー

マーカー署名 _____ プレーヤー署名 _____

(2) <u>プレーヤーの責任：ホールのスコアの証明と、スコアカードの提出</u>。ラウンド中、プレーヤーは各ホールの自分のスコアの記録をつけるべきである。

ラウンドが終了したとき、プレーヤーは：

- マーカーが記入した各ホールのスコアを注意深く確認し、問題があれば**委員会**に提起するべきである。

- **マーカー**が**スコアカード**のホールのスコアを証明していることを確認しなければならない。

- **マーカー**が記入したホールのスコアは変えてはならない。**ただし、マーカー**の同意、または**委員会**の承認がある場合を除く(しかし、プレーヤーや**マーカー**はどちらも変更されたスコアの追加の証明を行う必要はない)。

- **スコアカード**のホールのスコアを証明し、速やかに**委員会**に**スコアカード**を提出しなければならない。その後は**スコアカード**を変更してはならない。

プレーヤーが規則3.3bのこれらの要件に違反した場合、そのプレーヤーは**失格**となる。

例外―マーカーが責任を果たさないことが違反の原因である場合、罰はない：プレーヤーの規則3.3b(2)の違反がマーカーが責任を果たさないことが原因であり(例えば、**マーカー**が**スコアカード**を持ち去った、または**スコアカード**を証明せずに立ち去った)、プレーヤーにとって不可抗力であったと**委員会**が判断した場合、プレーヤーに罰はない。

委員会の措置、セクション5A(5)(スコアカードを提出した時点を明確にする方法の推奨)参照。

委員会の措置、セクション8；ローカルルールひな型L-1(ホールのスコアが証明されずにスコアカードを提出することに対する罰の軽減)参照。

(3) **ホールの間違ったスコア**。プレーヤーがホールについて間違ったスコアの**スコアカード**を提出した場合：

- 提出されたスコアが実際のスコアよりも多い。そのホールに対して提出された多いスコアが有効となる。

- 提出されたスコアが実際のスコアよりも少ない、またはスコアが提出されなかった。そのプレーヤーは失格となる。

例外―知らなかった罰を含めなかった場合：プレーヤーが**スコアカード**を提出する前には受けていたことを知らなかった1または複数の罰打を含めなかったことにより、1または複数のホールのスコアが実際のスコアよりも少なかった場合：

- プレーヤーは失格とはならない。

- その代わりに、その誤りが競技終了前に分かった場合、**委員会**は、規則に基づいてそのホールのスコアに**含めるべきであった罰打**を加えることによってそのプレーヤーのそのホールのスコアを修正する。

この例外は次の場合には適用しない：

- 含まれなかった罰が失格の場合。

- プレーヤーが罰が適用となるかもしれないと言われていた、または罰の適用に疑義があったが**スコアカード**を提出する前に**委員会**にそれを提起しなかった場合。

(4) **スコアカードにハンディキャップを示すこと、またはスコアの加算をすることはプレーヤーの責任ではない**。プレーヤーのハンディキャップが**スコアカード**上に示されること、またはプレーヤーが自身のスコアを加算することについての規定はない。プレーヤーが、ハンディキャップを示すことや、適用することを間違えた、あるいはそのスコアの加算を間違えた**スコアカード**

を提出した場合、罰はない。

委員会が**ラウンド**を終了したプレーヤーから**スコアカード**を受け取った時点で、その**委員会**は次の責任がある。

- そのプレーヤーのスコアを加算すること。
- その競技のためのそのプレーヤーのハンディキャップストロークを計算すること、そしてそのプレーヤーのネットスコアを計算するためにそれを使用すること。

委員会の措置、セクション8；ローカルルールひな型L-2(スコアカード上のハンディキャップについての責任をプレーヤーに負わせること)参照。

3.3c　ホールアウトしない

プレーヤーは1ラウンドの各ホールをホールアウトしなければならない。もし、ホールアウトしなかったホールがある場合：

- プレーヤーは別のホールを始めるための**ストローク**を行う前に、あるいは、そのラウンドの最終ホールでは**スコアカード**を提出する前に、その誤りを訂正しなければならない。
- その時間内にその誤りを訂正しなかった場合、そのプレーヤーは**失格**となる。

規則21.1、規則21.2、規則21.3(スコアリング方法が異なりプレーヤーがホールアウトしなくても失格とはならない**ストロークプレー**の他の形式(ステーブルフォード、最大スコア、パー/ボギー)に関する規則)参照。

規則 4 プレーヤーの用具

規則の目的：

規則4はラウンド中にプレーヤーが使用することができる用具を扱っている。ゴルフはその成功がプレーヤーの判断力、技術、能力によって決まる挑戦するゲームであるという原則に基づいて、プレーヤーは：

- 適合クラブと適合球を使用しなければならない。
- 14本以下のクラブに制限される。
- プレーヤーのプレーに人工的な援助を与える他の機器の使用は制限される。

クラブ、球、その他の用具の詳細な要件と、適合性審査のための相談や用具の提出の手続きは、**用具規則**参照。

4.1 クラブ

4.1a ストロークを行うときに認められるクラブ

(1) <u>適合クラブ</u>。ストロークを行うとき、プレーヤーは**用具規則**の要件に次の時点で適合するクラブを使用しなければならない：

- そのクラブが新品のとき。
- そのクラブのプレー特性が何らかの方法で変えられたとき(しかし、クラブが**ラウンド**中に損傷した場合には規則4.1a(2)を参照)。

しかし、適合しているクラブのプレー特性が通常の使用での摩耗により変わったとしても、そのクラブは適合クラブのままである。

「クラブのプレー特性」は、クラブの動きやアラインメントを援助することに影響を及ぼすいかなる部分、特徴、特性であり、重量、ライ、ロフト、アラインメント特性、そして認められる外部付属物を含むがこれらに限られない。

(2) **ラウンド中に損傷したクラブの使用、修理、交換**。適合クラブが**ラウンド**中や規則5.7aに基づくプレーの中断中に損傷した場合、クラブを乱暴に扱った場合を除き、プレーヤーはそのクラブを修理するか、他のクラブに取り替えることができる。

しかし、損傷の内容や原因が何であっても、その**ラウンド**の残りについては引き続き適合として扱われる（しかし、**ストロークプレー**のプレーオフは新しい**ラウンド**なので、その**ラウンド**の残りには含まない）。

その**ラウンド**の残りでは、プレーヤーは次のことができる：

- その損傷したクラブで引き続き**ストローク**を行うこと。

- クラブを乱暴に扱った場合を除き、プレーヤーはそのクラブを修理するか、他のクラブに取り替えること(規則4.1b(4)参照)。

プレーヤーが損傷したクラブを他のクラブに取り替える場合、他の**ストローク**を行う前に、規則4.1c(1)の手続きによってその損傷クラブをプレーから除外しなければならない。

「**ラウンド中の損傷**」とは、クラブのプレー特性が**ラウンド**中のすべての次の行為(規則5.7aに基づくプレーの中断中を含む)が原因で変えられた場合を意味する。

- プレーヤーによるもの(クラブで**ストローク**や練習スイングを行う、ゴルフバッグからクラブを出し入れする、クラブを落とす、クラブに寄りかかる、クラブを乱暴に扱う)。

- 他の誰か、**外的影響**または**自然の力**によるもの。

しかし、クラブのプレー特性がプレーヤーによって**ラウンド**中に故意に調整された場合、そのクラブは規則4.1a(3)で扱っているように「**ラウンド中の損傷**」とはならない。

(3) **ラウンド中にクラブのプレー特性を故意に変えること**。プレーヤーは、クラブのプレー特性を**ラウンド**中(規則5.7aに基づくプレーの中断中を含む)に次により故意に変えたクラブで**ストローク**を行ってはならない：

- 調整可能な機能を使用することや、物理的にクラブを変えること(ただし、規則4.1a(2)に基づいて損傷を修理することが認められる場合を除く)。

- **ストローク**を行うときの性能に影響を及ぼすためにクラブヘッドに異質物を付けること(クラブヘッドをふくときを除く)。

例外－元の位置に復元された調整可能なクラブ、または認められない外部付属物の取り除き：罰はなく、そのクラブを次の2つの状況で**ストローク**を行うために使用することができる：

- クラブのプレー特性が調整できる機能を使用して変えられたが、まだそのクラブが**ストローク**を行うために使用されていない場合、元の位置に

戻すための調整できる機能によって、元の位置にできるだけ復元した。

- そのクラブが**ストローク**を行うために使用される前に、認められない外部付属物(クラブフェース上のステッカーなど)をそのクラブから取り除いた。

規則4.1aに違反してストロークを行ったことに対する罰：失格。

- 不適合クラブや、プレー特性が**ラウンド**中に故意に変えられたクラブを単に持ち運んだだけでは(そのクラブで**ストローク**を行わない)、この規則に基づく罰はない。

- しかし、そのようなクラブも規則4.1b(1)に基づく14本の制限にはカウントする。

4.1b　14本のクラブの制限；ラウンド中のクラブの共有、追加または取り替え

(1) <u>14本のクラブの制限</u>。プレーヤーは次のことをしてはならない：

- 14本を超えるクラブを持って**ラウンド**をスタートすること。

- **ラウンド**中に14本を超えるクラブを持つこと。

この制限はそのプレーヤーによって、またはそのプレーヤーのために持ち運ばれているすべてのクラブを含む。しかし、**ラウンド**のスタートの時にプレーヤーによって、またはプレーヤーのために持ち運ばれている壊れてバラバラになったクラブの一部や組み立てていないクラブの部品(クラブヘッド、シャフト、グリップなど)を含まない。

プレーヤーが14本より少ないクラブを持ってスタートした場合、そのプレーヤーは14本のクラブの制限まで**ラウンド**中にクラブを追加することができる(そうするときの制限についての規則4.1b(4)参照)。

プレーヤーが追加されたクラブを持っている間に、どのクラブであっても次の**ストローク**を行った場合、そのクラブは追加されたものとみなされる。プレーヤーが14本を超えるクラブを持っていてこの規則に違反したことに気づいた場合、そのプレーヤーは、規則4.1c(1)の手続きによって他の**ストローク**を行う前にその超過クラブをプレーから除外しなければならない：

- プレーヤーは14本を超えるクラブでスタートした場合、どのクラブ(複数の場合もある)をプレーから除外するのかを選ぶことができる。

- プレーヤーが**ラウンド**中に超過クラブを追加した場合、それらの超過クラブはプレーから除外しなければならないクラブとなる。

プレーヤーの**ラウンド**がスタートした後に他のプレーヤーが置き忘れたクラ

ブを拾ったり、プレーヤーが知らないところでクラブが誤ってそのプレーヤーのバッグに入れられたりした場合、そのクラブは14本の制限についてはプレーヤーのクラブの1本とは扱われない(しかし、使用することはできない)。

(2) **クラブの共有の禁止**。プレーヤーのクラブはスタートした時点で持っていたもの、または(1)で認められて追加されたものに制限される:

- **コース**上でプレーしている他の誰かが使用しているクラブで**ストローク**を行ってはならない(その他のプレーヤーが違う組や競技でプレーしている場合であったとしても)。

- プレーヤーが別のプレーヤーのクラブで**ストローク**を行ったことによって規則に違反したことに気づいた場合、プレーヤーは、規則4.1c(1)の手続きにより他の**ストローク**を行う前にそのクラブをプレーから除外しなければならない。

規則22.5と規則23.7(パートナーのいるプレー形式でのプレーヤーとパートナーで持っているクラブが14本を超えない場合にパートナーとクラブを共有することを認める限定的な例外)参照。

(3) **紛失したクラブの取り替えの禁止**。プレーヤーが14本のクラブを持ってスタートした後、あるいは14本のクラブ制限までクラブを追加した後、**ラウンド**中、または規則5.7aに基づくプレーの中断中にクラブを紛失した場合、プレーヤーはそのクラブを別のクラブに取り替えてはならない。

(4) **クラブを追加する、または取り替える場合の制限**。規則4.1a(2)または規則4.1b(1)に基づいてクラブを追加または取り替える場合、プレーヤーは次のことをしてはならない:

- 不当にプレーを遅らせる(規則5.6a参照)。

- その**コース**でプレー中の他のプレーヤー(その他のプレーヤーが違う組や競技でプレーしていたとしても)によって、またはその他のプレーヤーのために持ち運ばれているクラブを追加する、あるいは借りる。

- プレーヤーまたは、その**コース**上でプレー中の他のプレーヤー(その他のプレーヤーが違う組や競技でプレーしていたとしても)によって持ち運ばれている部品からクラブを組み立てる。あるいは、プレーヤーまたは、その**コース**でプレー中の他のプレーヤーのために持ち運ばれている部品からクラブを組み立てる。

プレーヤーが認められていないのにクラブを追加したり取り替えたことによってこの規則に違反したことに気づいた場合、プレーヤーは、規則

4.1c(1)の手続きによって、他の**ストローク**を行う前にそのクラブをプレーから除外しなければならない。

プレーヤーが**ラウンド**前(規則4.1c(2))に、または**ラウンド**中(規則4.1c(1))にプレーから除外をした後にまだ持ち運んでいたクラブで**ストローク**を行った場合、そのプレーヤーは規則4.1c(1)に基づいて**失格**となる。

規則4.1b違反の罰：罰はプレーヤーが違反に気づいた時点に基づいて適用する：

- プレーヤーがホールのプレー中に違反に気づく。罰はプレー中のホールを終えたときに適用する。**マッチプレー**では、プレーヤーはそのホールを終了し、そのホールの結果をマッチのスコアに適用した後で罰を適用してマッチのスコアを調整しなければならない。

- プレーヤーがホールとホールの間で違反に気づく。罰は次のホールではなく、終了したばかりのホールに適用する。

マッチプレーの罰—ホールを差し引くことによってマッチのスコアを修正する(最大で2ホール)：

- これはマッチの調整の罰である—ホールの負けの罰と同じではない。

- ホールのプレー中ではそのホールを終えた時点、ホールを終了した直後はその時点で、マッチのスコアを違反が起きた各ホールに対して1ホールを差し引く(その**ラウンド**では**最大2ホール**)ことによって修正する。

- 例えば、15本のクラブを持ってスタートしたプレーヤーが3番ホールをプレーしている間にその違反に気づき、その後にそのホールに勝ってそのマッチが3アップとなった場合、最大で2ホールの調整が適用となり、そのプレーヤーはその時点で1アップとなる。

ストロークプレーの罰—2罰打(最大4罰打)：プレーヤーは違反が起きた各ホールに対し一般の罰(2罰打)を受けるが1ラウンドでは最大4罰打となる(違反が起きた最初の2ホールにそれぞれ2罰打を追加する)。

4.1c クラブをプレーから除外するための手続き

(1) <u>ラウンド中</u>。プレーヤーが**ラウンド**中に規則4.1bに違反していることに気づいた場合、プレーヤーはプレーから除外する各クラブを明確に示す行動を次の**ストローク**を行う前にとらなければならない。

これは次のいずれかによって行うことができる：

- 除外することを**マッチプレー**では**相手**、**ストロークプレー**では**マーカー**

かその組の別のプレーヤーに告げる。

- 他の何らかの明確な行動をとる(例えば、そのクラブをバッグに逆さまに入れる、ゴルフカートの床に置く、別の人にクラブを渡す)。

プレーヤーはプレーから除外したクラブを使って**ラウンド**の残りで**ストローク**を行ってはならない。

プレーから除外するクラブが別のプレーヤーのクラブである場合、その別のプレーヤーはそのクラブの使用を続けることができる。

規則4.1c(1)の違反の罰：失格。

(2) <u>ラウンド前</u>。プレーヤーが**ラウンド**をスタートする直前に14本を超えるクラブを誤って持っていることに気づいた場合、そのプレーヤーはその超過クラブを置いていく努力をするべきである。

しかし、罰なしの選択肢として：

- **ラウンド**をスタートする前に、プレーヤーは(1)の手続きによりそのような超過クラブをプレーから除外することができる。
- その除外した超過クラブをその**ラウンド**中にプレーヤーは所持することができ(**しかし、使用してはならない**)、それらのクラブは14本の制限についてはカウントしない。

プレーヤーが故意に14本を超えるクラブを最初の**ティーイングエリア**に持ってきて、その超過クラブを置いていかずにその**ラウンド**をスタートした場合、この選択肢は認められず、規則4.1b(1)が適用となる。

4.2 球

4.2a ラウンドのプレーに認められる球

(1) **適合球をプレーしなければならない。**各**ストローク**を行うとき、プレーヤーは用具規則の要件に適合する球を使用しなければならない。

プレーヤーはプレーするための適合球をその**コース**上の別のプレーヤーを含め誰からでも入手することができる。

(2) **故意に性能を変えた球をプレーしてはならない。**プレーヤーは、例えば、球をこすったり、温めたり、何らかの物質を付けたりして(球をふくときを除く)性能特性を故意に変えた球で**ストローク**を行ってはならない。

規則4.2aに違反してストロークを行ったことに対する罰：失格。

4.2b　ホールのプレー中に球が複数に割れる

プレーヤーの球が**ストローク**した後に複数に割れた場合、罰はなく、その**ストローク**はカウントしない。

プレーヤーはその**ストローク**を行った所から別の球をプレーしなければならない(規則14.6参照)。

規則4.2bに違反して誤所から球をプレーしたことに対する罰:規則14.7aに基づく一般の罰。

4.2c　ホールのプレー中に球が切れる、ひびが入る

(1) **切れているか、ひびが入っているかを確かめるために球を拾い上げる。**プレーヤーが自分の球がホールをプレーしている間に切れた、またはひびが入ったと合理的に考える場合:

- プレーヤーはそれを調べるために球を拾い上げることができる。**しかし**:

- 球の箇所を最初に**マーク**しなければならず、球をふいてはならない(**ただし、パッティンググリーンを除く**)(規則14.1参照)。

プレーヤーがこの合理的な考えなしに球を拾い上げたり(**ただし、規則13.1b**に基づいてプレーヤーが球を拾い上げることができる**パッティンググリーン**上を除く)、球を拾い上げる前にその球の箇所を**マーク**しなかったり、または認められていないのに球をふいた場合、プレーヤーは1罰打を受ける。

(2) **別の球に取り替えることができる場合。**元の球が切れている、またはひびが入っていて、この損傷がプレーしているホールで起きたことが明確に分かる場合だけプレーヤーは別の球に**取り替える**ことができる。**しかし**、単に引っ掻いた、擦った、ペイントが剥がれた、色あせただけの場合は**取り替える**ことはできない。

- 元の球が切れたり、ひびが入った場合、プレーヤーが元の箇所に別の球、または元の球のいずれかを**リプレース**しなければならない(規則14.2参照)。

- 元の球が切れていない、ひびが入っていない場合、プレーヤーは元の球を元の箇所に**リプレース**しなければならない(規則14.2参照)。

プレーヤーが誤って**取り替えた**球に**ストローク**を行った場合、そのプレーヤーは規則6.3bに基づいて1罰打を受ける。

この規則は、他の規則に基づいて、あるいはホールとホールの間に、プレー

ヤーが他の球に取り替えることを禁止していない。

規則4.2cに違反して誤所から球をプレーしたことに対する罰：規則14.7aに基づく一般の罰。

4.3　用具の使用

規則4.3はプレーヤーがラウンド中に使用する可能性のあるすべての種類の用具に適用する。ただし、適合クラブと適合球でプレーすることの要件はこの規則ではなく、規則4.1と規則4.2で扱われる。

この規則は用具の使用方法だけを対象としており、プレーヤーがラウンド中に持ち運ぶ用具を制限するものではない。

4.3a　認められる、禁止される用具の使用

プレーヤーはラウンド中に自分のプレーを援助する用具を使用することができる。ただし、次のことによって潜在的な利益を生み出してはならない：

- ゲームの挑戦に不可欠である技術や判断の必要性を人工的に無くしたり、軽減する用具(クラブと球以外)を使用すること。

- ストロークを行うときに異常な方法で用具(クラブと球を含む)を使用すること。「異常な方法」とは、意図された使途とは根本的に異なる方法や、ゲームをプレーすることの一部としては通常は受け入れられない方法を意味する。

この規則は、プレーヤーがクラブ、球、その他の用具を使用して行う行動を制限している他の規則の適用に影響しない(例えば、クラブや他の物をプレーヤーが位置を合わせる援助とするために置くこと(規則10.2b(3)参照))。

この規則に基づいてプレーヤーのラウンド中に認められる、そして認められない用具の使用の一般的な例。

(1) 距離や方向の情報。

- 認められる。距離や方向に関する情報を得ること(例えば、距離計測機器やコンパス)。

- 認められない。

    » 高低差を計測すること。

    » 距離や方向の情報を解明すること(例えば、プレーヤーの球の位置に基づき、推奨されるプレーの線やクラブの選択に関する情報を得るために機器を使用すること)。

> » 球に方向を合わせる援助となるアラインメント機器(用具規則の定義参照)を使用すること。

委員会の措置、セクション8；ローカルルールひな型G-5(委員会は距離計測機器の使用を禁止するローカルルールを採用することができる)参照。

(2) 風や他の気象条件に関する情報。

- 認められる。
  - » 天気予報から入手可能なあらゆる種類の気象情報(風速を含む)を得ること。
  - » コースの気温、湿度を計測すること。
- 認められない。
  - » コースの風速を計測すること。
  - » 風に関する他の情報を得るために人工物を使用すること(例えば、風向きを評価するために粉、ハンカチ、リボンなどを使用すること)。

(3) ラウンド前やラウンド中に収集した情報。

- 認められる。
  - » ラウンド前に集められた情報を使用すること(例えば、過去のラウンドのプレー情報、スイングのヒント、使用クラブの推奨)。
  - » ラウンドのプレー情報や生理学的な情報を(ラウンド後に使用するために)記録すること(例えば、クラブの距離、プレーのデータ、心拍数)。
- 認められない。
  - » ラウンドのプレー情報を処理すること、または解明すること(例えば、現在のラウンドの距離に基づく使用クラブの推奨)。
  - » ラウンド中に計測した生理学的情報を使用すること。

(4) オーディオとビデオ。

- 認められる。
  - » プレーしている競技に関連しない出来事についてオーディオを聞くこと、ビデオを見ること(例えば、ニュースレポート、BGM)。しかし、そうする場合、他の人に配慮を示すべきである(規則1.2参照)。

- 認められない。

  » 気を散らすものを排除するため、またはスイングのテンポに役立てるために音楽や他のオーディオを聞くこと。

  » **ラウンド**中にクラブの選択をする、**ストローク**を行う、またはプレー方法の決定をするときに、プレーヤーを援助するためにその競技のビデオを見ること。**ただし**、プレーヤーは電子ビデオスコアボードなどのゴルフ競技会の観客のためのビデオを見ることができる。

委員会の措置、セクション8；ローカルルールひな型G-8(委員会はラウンド中のオーディオ・ビデオ機器の使用を禁止、または制限するローカルルールを採用することができる)参照。

(5) **手袋やグリップ補助具**。

- 認められる。

  » **用具規則**の要件に適合する単純な手袋を使用すること。

  » 松脂、粉や他の保湿剤、乾燥剤を使用すること。

  » グリップの周りにタオルやハンカチを巻くこと。

- 認められない。

  » **用具規則**の要件に適合していない手袋を使用すること。

  » 手の位置やグリップ力に不当な援助を与える**用具**を使用すること。

(6) **ストレッチ機器とトレーニングまたはスイング補助器具**。

- 認められる。

  » 一般的なストレッチ(練習スイングを行う場合を除く)のための**用具**を使用すること。その**用具**がデザインされている目的が、ストレッチのためなのか、ゴルフのときに使用するため(例えば、肩に沿って乗せられるアライメント棒)なのか、またはゴルフに関連しない目的のため(例えば、ゴムチューブやパイプの切れ端)なのかは関係ない。

- 認められない。

  » いかなる種類のゴルフトレーニング補助器具、スイング補助器具(例えば、アライメント棒、加重ヘッドカバー、ドーナツ型重り)、不適合クラブをプレーヤーが**ストローク**のための準備や**ストローク**を行うときにプレーヤーを支援することにより潜在的な利益を生じさせる方法で使用してはならない(例えば、スイングプレーン、グリップ、アライメント、球の位置、姿勢の支援)。

43

前記の用具の使用の更なるガイダンスと他の種類の用具(例えば、服装と靴)は用具規則で閲覧できる。

特定の方法で用具を使用することができるかどうかについて疑問のあるプレーヤーは委員会に裁定を求めるべきである(規則20.2b参照)。

委員会の措置、セクション8;ローカルルールひな型G-6(委員会は動力付き移動機器のラウンド中の使用を禁止するローカルルールを採用することができる)参照。

4.3b 医療上の理由のために使用する用具

(1) 医療上の例外。プレーヤーが次の条件を満たせば、病状を緩和するために用具を使用しても規則4.3の違反とはならない:

- プレーヤーがその用具を使用する医学的根拠を持っている。

- その使用によってプレーヤーが他のプレーヤーよりも不当な利益を得ることはないと委員会が裁定する。

規則25.3a(義足のステータス);規則25.4f(移動補助器具に対する規則4.3の適用)

(2) テープ、または類似のカバーする物。プレーヤーは粘着テープ、または類似のカバーする物を医療上の理由のために使用することができる(例えば、怪我の防止や、すでにある怪我を保護するため)。しかし、テープとカバーする物は:

- 過剰に付けてはならない。

- 医療上の理由のために必要以上にプレーヤーを援助するものであってはならない(例えば、プレーヤーがクラブをスイングする援助とするために関節を固定してはならない)。

テープや類似のカバーするものをどの場所に、どのように付けることができるか疑問のあるプレーヤーは委員会に裁定を求めるべきである。

規則4.3の違反の罰:

- 最初の違反の罰:一般の罰。違反がホールとホールの間で起きた場合、罰は次のホールに適用する。

- 2回目の違反の罰:失格。この罰は、この2回目の違反の種類が最初の罰の原因となった違反のものとはまったく違うものであったとしても適用する。この罰は最初の違反の後に介在する出来事(規則1.3c(4)参照)があった場合にだけ適用する。

II

ラウンドとホールを
プレーする
規則5〜6

規則 5 ラウンドをプレーすること

規則の目的：

規則5はラウンドをプレーする方法を扱っている(例えば、プレーヤーはラウンドの前やラウンド中に、コースのどこで、いつ練習を行うことができるのか、ラウンドはいつ始まり、いつ終わるのか、また、プレーを中断するときや再開するときに何が起こるのか)。プレーヤーは次のことが期待される：

- 各ラウンドを時間通りに始める。
- ラウンドが終了するまで各ホールを中断することなく速やかなペースでプレーする。

自分のプレーの順番となったときに、40秒以内（通常はさらに短い時間で）にストロークを行うことを推奨する。

5.1　ラウンドの意味

「**ラウンド**」とは**委員会**が設定した順番でプレーする18(またはそれ以下)のホールである。

ラウンドがタイで終わり、勝者が決まるまでプレーを続ける場合：

- タイのマッチは1度に1ホールずつ延長される。これは同じ**ラウンド**が継続しているのであり、新しい**ラウンド**ではない。
- ストロークプレーのプレーオフ。これは新しい**ラウンド**となる。

プレーヤーは**ラウンド**が始まってから終わるまで**ラウンド**をプレーしていることになる(規則5.3参照)。ただし、規則5.7aに基づくプレーの中断中を除く。

規則が「**ラウンド**中」に行われた行動に言及する場合、規則で別途規定している場合以外は規則5.7aに基づくプレーの中断中は「**ラウンド**中」に含まない。

5.2　ラウンド前やラウンドとラウンドの間にコース上で練習すること

この規則に関して：

- 「コース上で練習すること」とは球をプレーすること、または球を転がしたり、表面をこすることによって、ホールのパッティンググリーン面をテストすることを意味する。

- ラウンドの前やラウンドとラウンドの間でのコース上の練習の制限はプレーヤーだけに適用し、そのプレーヤーのキャディーには適用しない。

5.2a　マッチプレー

プレーヤーはマッチプレー競技のラウンドの前やラウンドとラウンドの間にそのコース上で練習をすることができる。

5.2b　ストロークプレー

ストロークプレー競技の当日：

- プレーヤーはラウンドの前にそのコースで練習をしてはならない。ただし、プレーヤーは次の練習をすることができる。：

  » プレーヤーの最初のティーイングエリアやその近くでパッティングやチッピングの練習。

  » いかなる練習区域での練習。

  » 終了したばかりのホールのパッティンググリーンやその近くでの練習(プレーヤーが同じ日にそのホールを再びプレーする場合であっても)(規則5.5b参照)。

- プレーヤーは、その日の自分の最終ラウンドのプレー終了後にそのコースで練習をすることができる。

プレーヤーがこの規則に違反してストロークを行った場合、そのプレーヤーはそのプレーヤーの最初のホールに一般の罰を受ける。そのプレーヤーがこの規則に違反して更にストロークを行った場合、そのプレーヤーは失格となる。

委員会の措置、セクション8；ローカルルールひな型I-1(いずれのプレー形式でも、委員会はラウンドの前やラウンドとラウンドの間のコースでの練習を禁止する、制限する、あるいは認めるローカルルールを採用することができる)参照。

5.3　ラウンドを始めること、終えること

5.3a　ラウンドが始まるとき

プレーヤーのラウンドは、自身の最初のホールをスタートするためにストロークを行ったときに始まる(規則6.1a参照)。

プレーヤーは自分のスタート時間にスタートしなければならない(早くスタートしてはならない)：

- このことは、プレーヤーは**委員会**が設定したスタート時間にスタート地点でプレーをすぐに始めることができる状態でなければならないことを意味する。
- **委員会**が設定したスタート時間は正確な時間として扱う(例えば、午前9時の意味は午前9時00分00秒であり、午前9時01分までの時間ではない)。

スタート時間が何らかの理由(例えば、天候、他の組のスロープレー、**レフェリー**による裁定が必要)で遅れている場合、プレーヤーの組がスタートできるときに、プレーヤーがそこにいてプレーをすぐに始めることができるのであれば、この規則の違反とはならない。

規則5.3aの違反の罰：失格。ただし、次の3つの場合を除く：

- 例外1－プレーヤーが5分以内の遅れでスターティングエリアに到着し、プレーをすぐに始めることができる：プレーヤーは自身の最初のホールに適用する一般の罰を受ける。
- 例外2－プレーヤーが5分以内で早くスタートする：プレーヤーは自身の最初のホールに適用する一般の罰を受ける。
- 例外3－プレーヤーが時間通りにスタートできなかった例外的な状況があると**委員会**が裁定する：この規則の違反とはならず、罰はない。

5.3b　ラウンドが終わるとき

プレーヤーのラウンドは次の場合に終わる：

- マッチプレーでは、規則3.2a(3)や(4)に基づいてマッチの結果が決定したとき。
- ストロークプレーでは、プレーヤーが最終ホールをホールアウトしたとき(例えば、規則6.1や規則14.7bに基づく誤りの訂正を含む)。

規則21.1e、規則21.2e、規則21.3e、規則23.3b(ストロークプレーの他の形式とフォアボールでラウンドが始まるときと終わるとき)参照。

5.4　組でプレーすること

5.4a　マッチプレー

ラウンド中、プレーヤーと**相手**は同じ組で各ホールをプレーしなければならない。

5.4b　ストロークプレー

ラウンド中、**委員会**が事前または事後に変更を承認する場合を除き、プレーヤー

は**委員会**が設定した組を変えてはならない。

規則5.4の違反の罰：失格。

5.5　ラウンド中、またはプレーの中断中に練習すること

5.5a　ホールのプレー中、練習ストロークの禁止

ホールのプレー中、プレーヤーは**コース**上、または**コース**の外のすべての球に対して練習**ストローク**を行ってはならない。

次は練習**ストローク**ではない：

- 球を打つ意思なしに行われる練習スイング。

- 単に親切心で、練習区域や別のプレーヤーに球を戻すために打つ。

- ホールの結果が決定したプレーヤーがそのホールを終えるために行った**ストローク**。

5.5b　ホール終了後の練習ストロークの制限

ホールのプレーを終了した後で、別のホールを始めるための**ストローク**を行う前に、プレーヤーは練習**ストローク**を行ってはならない。

例外－**プレーヤーがパッティングやチッピングの練習をすることが認められる場所**：プレーヤーは次の場所やその近くでパッティングやチッピングの練習をすることができる：

- 終了したばかりのホールのパッティング**グリーン**や練習**グリーン**(規則13.1e参照)。

- 次のホールの**ティーイングエリア**。

しかし、このような練習**ストローク**をバンカーからしてはならず、プレーを不当に遅らせてはならない(規則5.6a参照)。

委員会の措置、セクション8；ローカルルールひな型I-2(委員会は、プレーヤーが終了したばかりのパッティング**グリーン**やその近くでパッティングまたはチッピングの練習することを禁止するローカルルールを採用することができる)参照。

5.5c　プレーの中断中、または別の方法でプレーが中断している間の練習

規則5.7aに基づくプレーの中断中、プレーヤーは練習ストロークを行ってはならない。ただし、次の場合を除く：

- 規則5.5bで認められている場合。

- コースの外側の場所。

- 委員会が認めるコース上の場所。

プレーヤーたちの同意によりマッチを中断し、同日に再開しない場合、プレーヤーはマッチの再開前であれば制限なしにそのコース上で練習をすることができる。

規則5.5の違反の罰：一般の罰。

違反がホールとホールの間で起きた場合、罰は次のホールに適用する。

5.6　不当の遅延；速やかなプレーのペース

5.6a　プレーの不当の遅延

プレーヤーは、ホールのプレー中、またはホールとホールの間のいずれでもプレーを不当に遅らせてはならない。

プレーヤーは次のような特定の理由のために、少しの遅れが認められる場合がある：

- プレーヤーがレフェリーまたは委員会に援助を求めている場合。

- プレーヤーが怪我をしたり、病気になった場合。

- 別の正当な理由がある場合。

規則5.6aの違反の罰：

- 最初の違反の罰：1罰打。

- 2回目の違反の罰：一般の罰。

- 3回目の違反の罰：失格。

プレーヤーがホールとホールの間でプレーを不当に遅らせた場合、罰は次のホールに適用する。

規則25.6a (障害を持つプレーヤーへの規則5.6aの適用)参照。

5.6b　速やかなプレーのペース

ゴルフの**ラウンド**は速やかなペースでプレーすることになっている。

各プレーヤーは自分のプレーのペースが他のプレーヤー(自身の組のプレーヤーと後続組のプレーヤーの両方を含む)の**ラウンド**のプレー時間に影響を及ぼす可能性が高いことを認識するべきである。

プレーヤーが速い組を先に行かせる(パスさせる)ことを推奨する。

(1) **プレーのペースの推奨**。プレーヤーは、次に要する時間を含め、**ラウンド**を通じて速やかなペースでプレーするべきである:

- 各**ストローク**のための準備と、**ストローク**を行うこと。

- **ストローク**と**ストローク**の間の他の場所への移動。

- ホールを終了した後、次の**ティーイングエリア**への移動。

プレーヤーは前もって次の**ストローク**の準備をして、自分の順番になればすぐにプレーできるようにしておくべきである。

プレーヤーがプレーする順番になったときは:

- 障害や気を散らすものがなく、プレーできるようになった後、40秒以内に**ストローク**を行うことを推奨する。

- プレーヤーは通常、推奨されている時間より速くプレーすることができるはずであり、そうするべきである。

(2) <u>**プレーのペースを支援するために順番を変えてプレーすること**</u>。プレーの形式によっては、プレーヤーがプレーのペースを支援するために順番を変えてプレーできる場合がある:

- **マッチプレー**では、プレーヤーたちの1人が時間節約のために違う順番でプレーすることにそのプレーヤーたちが同意することができる(規則6.4a例外参照)。

- **ストロークプレー**では、安全を間違いなく確保できる方法で「レディーゴルフ」でプレーすることができる(規則6.4b(2)参照)。

(3) **委員会のプレーのペースの方針**。速やかなプレーの奨励と実行のため、**委員会**はプレーのペースの方針を設定するローカルルールを採用するべきである。

この方針は**ラウンド**、ホール、一連のホール、**ストローク**を終了するための最大時間を設定することができ、そしてその方針に従わないことに対して罰

を設定することができる。

委員会の措置、セクション5H(プレーのペースの方針の内容に関する推奨)参照。

5.7 プレーの中断；プレーの再開

5.7a プレーヤーがプレーを中断することができる場合、または中断しなければならない場合

ラウンド中、プレーヤーはプレーを中断してはならない。ただし、次の場合を除く：

- <u>委員会による中断</u>。すべてのプレーヤーは**委員会**がプレーを中断した場合にはプレーを中断しなければならない(規則5.7b参照)。

- **マッチプレーで同意によりプレーを中断する**。**マッチプレー**のプレーヤーはどのような理由であってもプレーを中断することに同意することができる。ただし、そうすることで競技を遅らせる場合を除く。プレーヤーたちがプレーを中断することに同意し、その後1人のプレーヤーがプレーの再開を望む場合、その同意は終わり、もう1人のプレーヤーはプレーを再開しなければならない。

- **落雷を理由にプレーヤー個人でプレーを中断する**。プレーヤーが落雷による危険があると合理的に考えた場合、プレーを中断することができる。しかし、できるだけ早く**委員会**に報告しなければならない。

コースを離れること自体はプレーを中断することにはならない。プレーヤーのプレーの遅延はこの規則ではなく、規則5.6aで扱う。

プレーヤーがこの規則が認めていない理由によりプレーを中断した場合、または**委員会**に報告しなければならなかったのにそうしなかった場合、プレーヤーは**失格**となる。

5.7b 委員会がプレーを中断したときにプレーヤーがしなければならないこと

委員会のプレーの中断は2種類あり、プレーヤーがプレーを中断しなければならないときに関して異なる要件を持つ。

(1) 即時中断(例えば、切迫した危険がある場合)。**委員会**がプレーの即時中断を宣言した場合、プレーヤーは**委員会**がプレーを再開するまでは別の**ストローク**を行ってはならない。

委員会はプレーヤーに即時中断を明確に知らせる方法を使用するべきである。

(2) **通常の中断(例えば、日没やコースがプレー不能)**。**委員会**が通常の理由でプレーを中断した場合に次に行うことは、プレーしている各組がどこにいるかによる：

- **ホールとホールの間**。その組のすべてのプレーヤーがホールとホールの間にいる場合、プレーヤーたちはプレーを中断しなければならず、**委員会**がプレーを再開するまでは別のホールを始めるための**ストローク**を行ってはならない。

- **ホールのプレー中**。その組のプレーヤーが1人でもホールをスタートしていた場合、プレーヤーたちはプレーを中断するか、そのホールを終了するか選択することができる。

  » プレーヤーたちには、プレーを中断するか、そのホールを終了するかを決めるために少しの時間(通常は2分以内とするべきである)が認められる。

  » プレーヤーたちがそのホールのプレーを続ける場合、プレーヤーたちはそのホールを終了するまで続けるか、またはそのホールを終了する前に中断することができる。

  » プレーヤーが一旦そのホールを終了した場合、またはそのホールを終了する前に中断した場合、プレーヤーは**委員会**が規則5.7cに基づいてプレーを再開するまでは別の**ストローク**を行ってはならない。

  プレーヤーたちがプレーを続けるかどうかについて同意しない場合：

  » **マッチプレー**。マッチでその**相手**がプレーを中断した場合、プレーヤーもまたプレーを中断しなければならず、両者は**委員会**がプレーを再開するまでは再びプレーしてはならない。プレーヤーがプレーを中断しなかった場合、そのプレーヤーは**一般の罰**(ホールの負け)を受ける。

  » **ストロークプレー**。その組のプレーヤーはその組の他のプレーヤーたちがプレーを中断することを決めたことに関係なく、プレーを中断するか、続けるかを選択することができる。**ただし**、そのプレーヤーのスコアを記録する**マーカー**がいる場合に限り、そのプレーヤーはプレーを続けることができる。

規則5.7bの違反の罰：失格。

例外－プレーを中断しなかったことが正当であると委員会が裁定した場合、罰はない：プレーヤーがプレーを中断しなければならなかったのにそうしなかったことを正当化する事情があると**委員会**が裁定した場合、この規則の違反とはならず、罰はない。

委員会の措置、セクション8；ローカルルールひな型J-1(委員会が即時、そして通常の中断をプレーヤーに知らせるための推奨される方法)参照。

5.7c　プレーを再開するときにプレーヤーがしなければならないこと

(1) **プレーを再開する場所**。プレーヤーはホールのプレーを中断した所、あるいはホールとホールの間の場合は次の**ティーイングエリア**からプレーを再開しなければならない(プレーが後日に再開される場合であっても)。

プレーヤーがプレーを中断した所とは違う箇所からプレーを再開した場合については、規則6.1bと規則14.7を参照。

(2) **プレーを再開するとき**。プレーヤーは(1)で特定されている場所にいて：

- プレーを再開するために**委員会**が設定した時間にプレーできる準備ができていなければならない。

- プレーヤーはその時間にプレーを再開しなければならない(その時間より早く再開してはならない)。

プレーを再開することが何らかの理由により遅れた場合(例えば、前の組のプレーヤーたちが先にプレーしていなくなるのを待っている場合)、そのプレーヤーの組がプレーを再開できるときにそのプレーヤーがいて、プレーができる状態であればこの規則の違反とはならない。

規則5.7c(2)の違反の罰：失格。

時間通りに再開しなかったことに対する失格の例外：規則5.3aの例外1,2,3と規則5.7b例外はここにも同様に適用となる。

5.7d　プレーを中断する場合の球の拾い上げ；プレー再開のときのリプレースと球の取り替え

(1) **プレーを中断するとき、またはプレーを再開する前の球の拾い上げ**。この規則に基づいてホールのプレーを中断する場合、プレーヤーは自分の球の箇所をマークしてその球を拾い上げることができる(規則14.1参照)。

プレーを再開する前や再開するときのいずれの場合も：

- プレーを中断したときにプレーヤーの球が拾い上げられていた場合。そのプレーヤーはその元の球か別の球をその元の箇所(分からない場合は推定しなければならない)に**リプレース**しなければならない(規則14.2参照)。

- プレーを中断したときにプレーヤーの球が拾い上げられていなかった場合。プレーヤーはその球をあるがままにプレーすることができる。また

はその球の箇所を**マーク**して拾い上げ(規則14.1参照)、その球か別の球をその元の箇所に**リプレース**することができる(規則14.2参照)。

いずれの場合も:

- 球を拾い上げた結果、球の**ライ**が変えられた場合、プレーヤーは規則14.2dに基づいてその球か別の球を**リプレース**しなければならない。

- 球を拾い上げた後でその球を**リプレース**する前にその球の**ライ**が変えられた場合、規則14.2dは適用しない:

  » 元の球か別の球を元の箇所に**リプレース**しなければならない(分からない場合は推定しなければならない)(規則14.2参照)。

  » しかし、**ストローク**に影響を及ぼす**ライ**や他の状態がこの間に悪化した場合、規則8.1dを適用する。

(2) **プレーの中断中に球やボールマーカーが動かされた場合にすること。** プレーヤーの球や**ボールマーカー**がプレーの再開前に動かされた場合(**自然の力**による場合を含む)、プレーヤーは次のいずれかをしなければならない:

- 元の球か別の球を元の箇所に**リプレース**する(分からない場合は推定しなければならない)(規則14.2参照)。

- 元の箇所を**マーク**するために**ボールマーカー**を置き、そして元の球か別の球をその箇所に**リプレース**する(規則14.1と規則14.2参照)。

プレーの中断中にプレーヤーの**ストローク**に影響を及ぼす状態が悪化した場合は、規則8.1d参照。

規則5.7dに違反して誤所から球をプレーしたことに対する罰:規則14.7aに基づく一般の罰。

規則 6 ホールをプレーすること

規則の目的：

規則6はホールのプレー方法を扱っている。例えば、ティーイングオフに関する特定の規則、取り替えが認められている場合を除いてホールを通して同じ球をプレーすることの要件、プレーの順番(ストロークプレーよりマッチプレーにおいて重要)、そしてホールを終了すること。

6.1 ホールのプレーのスタート

6.1a ホールをスタートするとき

プレーヤーはホールを始めるためにストロークを行ったときにホールをスタートしたことになる。

ストロークをティーイングエリアの外から行ったり(規則6.1b参照)、ストロークが規則に基づいて取り消された場合であってもホールをスタートしたことになる。

6.1b 球はティーイングエリアからプレーしなければならない

プレーヤーは規則6.2bに基づいてティーイングエリアから球をプレーすることによって各ホールをスタートしなければならない。

ホールをスタートするプレーヤーがティーイングエリアの外(同じホールや別のホールの異なるティーイング場所にある間違ったティーマーカーからプレーした場合を含む)からプレーした場合：

(1) <u>マッチプレー</u>。罰はない。しかし、相手はそのストロークを取り消すことができる：

- この取り消しは速やかに、そしていずれかのプレーヤーが別のストロークを行う前にしなければならない。相手がストロークを取り消した場合、その取り消しを撤回することはできない。

- 相手がそのストロークを取り消した場合、プレーヤーはティーイングエリアから球をプレーしなければならず、次の打順はそのプレーヤーとなる。

- 相手がそのストロークを取り消さなかった場合、そのストロークは

カウントし、その球は**インプレー**となり、その球を**あるがまま**にプレーしなければならない。

(2) **ストロークプレー**。プレーヤーは**一般の罰**(2罰打)を受け、**ティーイングエリア**から球をプレーすることによってその誤りを訂正しなければならない:

- **ティーイングエリア**の外からプレーされた球は**インプレー**ではない。

- その**ストローク**と、誤りを訂正する前に行った**ストローク**(行った**ストローク**と単にその球をプレーしたことに対する罰打を含む)はカウントしない。

- プレーヤーが別のホールを始めるための**ストローク**を行う前に、またはそのラウンドの最終ホールではそのプレーヤーの**スコアカード**を提出する前にその誤りを訂正しなかった場合、プレーヤーは**失格**となる。

6.2 ティーイングエリアから球をプレーする

6.2a ティーイングエリアの規則を適用する場合

規則6.2bの**ティーイングエリア**の規則は、プレーヤーに**ティーイングエリア**からプレーすることを要求する、または認める場合はいつでも適用され、次の場合を含む:

- プレーヤーがホールのプレーをスタートする場合(規則6.1参照)。

- プレーヤーが規則に基づいて**ティーイングエリア**から再度プレーすることになる場合(規則14.6参照)。

- **ストローク**の後や救済を受けた後にプレーヤーの球が**ティーイングエリア**で**インプレー**となる場合。

この規則はプレーヤーがプレーするホールをスタートするときにプレーしなければならない**ティーイングエリア**に対してのみ適用し、**コース**上の他のティーイングする場所(同じホールか、違うホールかは問わない)に対しては適用しない。

6.2b ティーイングエリアの規則

(1) 球が**ティーイングエリア**にあるとき。

- 球の一部が**ティーイングエリア**に触れている、またはその上にある場合、その球は**ティーイングエリア**の球である。

- プレーヤーは**ティーイングエリア**の球に**ストローク**を行うときに**ティーイングエリア**の外側に立つことができる。

図6.2b：球がティーイングエリア内にある場合

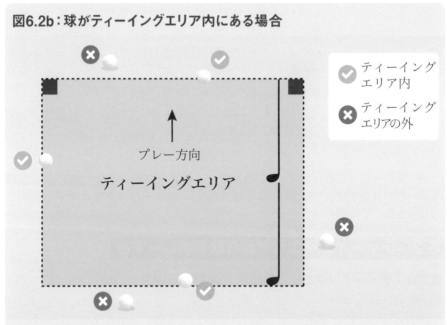

点線はティーイングエリアの外側の縁を定めている(定義「ティーイングエリア」参照)。球の一部がティーイングエリアに触れている、またはその上にある場合、その球はティーイングエリアの球となる。

(2) **球はティーアップできる、または地面からプレーできる**。球は次のいずれかからプレーしなければならない：

- 地面に刺したり置いた**ティー**。

- 地面から直接。

この規則に関して、「地面」には**ティー**や球を乗せるための場所に置かれた砂や他の自然の物質を含む。

プレーヤーは不適合ティーの上の球や、この規則で認められていない方法で**ティーアップ**された球に**ストローク**を行ってはならない。

規則6.2b(2)の違反の罰：

- 最初の違反の罰：一般の罰。

- 2回目の違反の罰：失格。

(3) **ティーイングエリアの特定の状態は改善することができる**。ストロークを行

う前に、プレーヤーは**ストロークに影響を及ぼす状態**を**改善**するために**ティーイングエリア**で次の行動をとることができる(規則8.1b(8)参照)：

- **ティーイングエリア**の地面を変えること(例えば、クラブや足で窪みを作ること)。
- **ティーイングエリア**の地面に付着している、または生長している草や雑草、または自然物を動かしたり、曲げたり、折ること。
- **ティーイングエリア**の砂や土を取り除いたり、押し付けること。
- **ティーイングエリア**の露、霜、水を取り除くこと。

しかし、プレーヤーが規則8.1aに違反して**ストロークに影響を及ぼす状態**を**改善**するために他の行動をとった場合、そのプレーヤーは**一般の罰**を受ける。

(4) **ティーイングエリアからプレーするときにティーマーカーを動かすことの制限、またはティーマーカーがなくなっている場合**。

- **ティーマーカー**の位置は、各**ティーイングエリア**を定めるために**委員会**が設定する。そしてその**ティーイングエリア**からプレーするすべてのプレーヤーに対して同じ位置のままであるべきである。
- プレーヤーが**ティーイングエリア**から**ストローク**を行う前にティーマーカーを動かすことによって**ストロークに影響を及ぼす状態**を**改善**した場合、そのプレーヤーは規則8.1a(1)の違反に対して**一般の罰**を受ける。
- **ティーマーカー**が1つ、あるいは両方なくなっていることにプレーヤーが気づいた場合、そのプレーヤーは**委員会**に支援を求めるべきである。しかし、妥当な時間内に**委員会**の支援が受けられない場合、そのプレーヤーは自分の合理的な判断(規則1.3b(2))を用いて**ティーイングエリア**の場所を推定すべきである。

すべての他の状況では、ティーマーカーは規則15.2で動かすことを認めている通常の**動かせる障害物**として扱われる。

(5) **ストロークを行うまで球はインプレーとはならない**。球が**ティーアップ**されたか、地面の上に置かれたかに関係なく、ホールをスタートする場合や、規則に基づいて**ティーイングエリア**から再びプレーする場合：

- プレーヤーが球を**ストローク**するまでその球は**インプレー**とはならない。
- **ストローク**を行う前であればその球を罰なしに拾い上げたり、動かすことができる。

プレーヤーが**ストローク**を行う前に**ティーアップ**した球が**ティー**から落ちたり、そのプレーヤーによって落とされた場合、罰なしにその**ティーイングエリア**のどこにでも球を再度**ティーアップ**することができる。

しかし、球が落ちている間や、球が落ちた後にその球に**ストローク**を行った場合、罰はなく、その**ストローク**はカウントし、その球は**インプレー**となる。

(6) **インプレーの球がティーイングエリアにある場合。**プレーヤーの**インプレー**の球が**ストローク**後に(例えば、**ティーアップ**された球を空振りした)、または救済を受けた後に**ティーイングエリア**にある場合、プレーヤーは次のことができる：

- 罰なしに球を拾い上げたり、動かす(規則9.4b例外1参照)。

- (2)に基づいて、**ティーイングエリア**から**ティーアップ**、または地面からその球か別の球をプレーするか、球をあるがままにプレーすることもできる。

規則6.2b(6)に違反して誤所から球をプレーしたことに対する罰：規則14.7aに基づく一般の罰。

6.3 ホールのプレーで使用される球

規則の目的：

ホールは**ティーイングエリア**からパッティンググリーンそしてホールに入るまで連続して行われる**ストローク**でプレーする。ティーオフした後、プレーヤーは通常はそのホールを終了するまで同じ球でプレーしなければならない。プレーヤーが**誤球**、または規則では取り替えが認められていないのに取り替えた球に対して**ストローク**を行った場合、そのプレーヤーは罰を受ける。

6.3a ティーイングエリアからプレーした同じ球でホールアウト

プレーヤーは、**ティーイングエリア**からホールをスタートするときは適合であればどの球でもプレーをすることができ、ホールとホールの間では球を替えることができる。

プレーヤーは**ティーイングエリア**からプレーした同じ球でホールアウトをしなければならない。ただし、次の場合を除く：

- 球が**紛失**となる、あるいは**アウトオブバウンズ**に止まる。

- プレーヤーが別の球に**取り替える**(そうすることが認められているかどうかにかかわらず)。

プレーヤーはプレーしようとする球に識別マークを付けるべきである(規則7.2参照)。

6.3b　ホールのプレー中に別の球に取り替えること

(1) **プレーヤーが別の球への取り替えを認められる場合、認められない場合**。特定の規則ではプレーヤーがホールのプレーで使用している球を**インプレー**の球として別の球に**取り替える**ことを認めているが、別の規則では認めていない:

- 球を**ドロップ**したり、**プレース**するとき(例えば、球が**救済エリア**に止まらない、または**パッティンググリーン**で救済を受ける場合)を含め、規則に基づいて救済を受ける場合、そのプレーヤーは元の球か別の球のいずれかを使用することができる(規則14.3a参照)。

- 直前の**ストローク**を行った所から再びプレーする場合、そのプレーヤーは元の球か別の球のいずれかを使用することができる(規則14.6参照)。

- 球をある箇所に**リプレース**する場合、プレーヤーは球を**取り替える**ことが認められず、元の球を使用しなければならない(特定の例外あり)(規則14.2a参照)。

(2) **取り替えた球はインプレーとなる**。プレーヤーが**インプレー**の球として別の球に**取り替えた**場合(規則14.4参照):

- 元の球はもはや**インプレー**の球ではない(それが**コース**上に止まっていたとしても)。

- 次の場合であっても、**取り替えた球はインプレー**となり、元の球は**インプレー**の球ではなくなる:

  » プレーヤーが規則が認めていない場合に元の球を別の球に**取り替えた**(プレーヤーが別の球に**取り替えている**ことに気づいていたかどうかは関係ない)。

  » プレーヤーが**取り替えた**球を(1)**間違った方法**で、(2)**誤所**に、(3)適用しない処置をとって、**リプレース**、**ドロップ**またはプレースした。

- **取り替えた球**をプレーする前に誤りを訂正する方法については、規則14.5参照。

プレーヤーの元の球が見つかっておらず、プレーヤーが**ストロークと距離**の救済(規則17.1d、規則18.1、規則18.2bと規則19.2a参照)を受けるために別

の球を**インプレー**にした場合、または球に起きたことが**分かっている、または事実上確実である**場合に適用する規則(規則6.3c、規則9.6、規則11.2c、規則15.2b、規則16.1e、規則17.1c参照)に基づいて認められるとおりに、別の球を**インプレー**にした場合:

- プレーヤーはその**取り替えた**球でプレーを続けなければならない。

- 元の球が3分の捜索時間が終了する前にコース上で見つかったとしても、その元の球をプレーしてはならない(規則18.2a(1)参照)。

(3) **誤って取り替えた球にストロークを行う。** プレーヤーが誤って**取り替えた**球に**ストローク**を行った場合、そのプレーヤーは1罰打を受け、その誤って**取り替えた**球でそのホールを終えなければならない。

6.3c 誤球

(1) **誤球でストロークを行う。** プレーヤーは**誤球**に対して**ストローク**を行ってはならない。

例外-水の中で動いている球: プレーヤーが**ペナルティーエリア**の水や一時的な水の中で動いている**誤球**に対して**ストローク**を行っても罰はない:

- その**ストローク**はカウントしない。

- プレーヤーは、正球をそれが止まっていた元の箇所からプレーすることによって、または規則に基づいて救済を受けることによって、規則に基づいてその誤りを訂正しなければならない。

規則6.3c(1)に違反して**誤球**をプレーしたことに対する罰:

マッチプレーでは、プレーヤーは**一般の罰(ホールの負け)**を受ける:

- プレーヤーと**相手**がホールのプレー中に互いの球をプレーした場合、最初に**誤球**に**ストローク**を行ったプレーヤーが**一般の罰(ホールの負け)**を受ける。

- しかし、どちらの**誤球**を最初にプレーしたか分からない場合、罰はなく、そのホールは入れ替わった球のままでプレーを終えなければならない。

ストロークプレーでは、プレーヤーは**一般の罰(2罰打)**を受け、元の球をあるがままにプレーしてプレーを続ける、または規則に基づいて救済を受けることにより誤りを訂正しなければならない:

- **誤球**に行った**ストローク**と、誤りが訂正されるまでの**ストローク**(行った**ストローク**と単にその球をプレーしたことに対する追加の罰打を含む)はカウントしない。

- プレーヤーが別のホールを始めるために**ストローク**を行う前に、または**ラウンド**の最終ホールでは、**スコアカード**を提出する前に誤りを訂正しなかった場合、プレーヤーは**失格**となる。

(2) **プレーヤーの球が誤球として別のプレーヤーによってプレーされた場合に行うこと**。プレーヤーの球が別のプレーヤーによって**誤球**としてプレーされたことが**分かっている、または事実上確実な場合**、プレーヤーは元の球か別の球を元の箇所に**リプレース**しなければならない(分からない場合は推定しなければならない)(規則14.2参照)。

これは元の球が見つかったかどうかに関係なく適用する。

6.3d　プレーヤーが一度に複数の球をプレーすることができる場合

プレーヤーは次の場合にだけ1ホールで同時に複数の球をプレーすることができる：

- **暫定球**(規則18.3cの規定に基づき、**インプレー**の球となるか、放棄される球となる)をプレーする場合。

- **ストロークプレー**で、**誤所**からのプレーの**重大な違反**があると思われるときに訂正のために2つの球をプレーする場合(規則14.7b参照)、またはとるべき正しい処置について疑問がある場合(規則20.1c(3)参照)に2つの球をプレーする場合。

6.4 ホールをプレーするときのプレーの順番

規則の目的：

規則6.4はホールを通じてのプレーの順番を扱っている。ティーイングエリアからのプレーの順番は誰がオナーなのかにより、その後はどの球がホールから最も遠いのかに基づく。

- マッチプレーでは、プレーの順番は重要である；プレーヤーが違った順番でプレーした場合、その相手はそのストロークを取り消し、そのプレーヤーに再びプレーさせることができる。

- ストロークプレーでは、違った順番でプレーしたことに対する罰はなく、プレーヤーは安全を間違いなく確保できる方法で違った順番でプレーする「レディーゴルフ」でプレーすることが認められ、または奨励される。

6.4a マッチプレー

(1) <u>プレーの順番</u>。プレーヤーと**相手**は次の順番でプレーしなければならない：

- 最初のホールのスタート。最初のホールでは、**委員会**が設定した組合せ表の順番により**オナー**が決まる。組合せ表がない場合には、同意または無作為な方法(例えば、コイントス)による。

- すべての他のホールのスタート。

  » ホールに勝ったプレーヤーが次の**ティーイングエリア**の**オナー**となる。

  » そのホールがタイだった場合、直前の**ティーイングエリア**で**オナー**のプレーヤーが再び**オナー**となる。

  » プレーヤーが適時に裁定を要請したが(規則20.1b参照)、まだ**委員会**による裁定が行われておらず次のホールの**オナー**が誰であるのかに影響を及ぼす可能性がある場合、**オナー**を同意か無作為な方法で決める。

- 両方のプレーヤーがホールをスタートした後。

  » **ホール**から遠い球を最初にプレーすることになる。

  » 両者の球が**ホール**から同じ距離にある場合や、それらの相対的な距離が分からない場合、最初にプレーする球は同意か無作為な方法によって決める。

(2) <u>相手は違った順番で行われたプレーヤーのストロークを取り消すことができる</u>。相手がプレーする順番のときにプレーヤーがプレーした場合、罰はない。しかし、相手はそのストロークを取り消すことができる：

- この取り消しは速やかに、そしてどちらかのプレーヤーが別のストローク
を行う前にしなければならない。**相手**がその**ストローク**を取り消した
場合はその取り消しを撤回することはできない。

- **相手**がその**ストローク**を取り消した場合、プレーヤーは自分がプレーす
る順番のときに、その**ストローク**が行われた所からプレーしなければな
らない(規則14.6参照)。

- **相手**がその**ストローク**を取り消さない場合、その**ストローク**はカウント
し、プレーヤーは**インプレー**となったその球をあるがままにプレーしな
ければならない。

例外-時間節約のために同意によって違った順番でプレーする：時間節約のた
めに：

- プレーヤーは**相手**に違った順番でプレーするよう勧めることができる。また
はプレーの順番を変えることの**相手**からの要求に同意することができる。

- その後で**相手**が違った順番で**ストローク**を行った場合、プレーヤーはその**ス
トローク**を取り消す権利を放棄したことになる。

規則23.6(フォアボールでのプレーの順番)参照。

6.4b　ストロークプレー

(1) 通常のプレーの順番。

- 最初のホールのスタート。最初の**ティーイングエリア**の**オナー**は**委員会**
が設定した組合せ表の順番によって決まる。組合せ表がない場合には、
同意か無作為の方法(例えば、コイントス)による。

- すべての他のホールのスタート。

  » ホールのグロススコアがその組で最も少ないプレーヤーが次の**ティー
イングエリア**で**オナー**となる。2番目にスコアが少なかったプレーヤー
がその次にプレーするべきで、その後も同様となる。

  » ホールで複数のプレーヤーが同じスコアの場合、そのプレーヤーたち
は前の**ティーイングエリア**と同じ順番でプレーするべきである。

  » ハンディキャップ競技であっても、**オナー**はグロススコアに基づく。

- すべてのプレーヤーがホールをスタートした後。

  » **ホール**から最も遠い球を最初にプレーするべきである。

  » 複数の球が**ホール**から同じ距離にある場合や、両者の相対的な距離が

分からない場合、最初にプレーする球は同意か無作為の方法によって決めるべきである。

プレーヤーが違った順番でプレーしても罰はない。**ただし、複数のプレーヤーがそのうちの1人を有利にするために違った順番でプレーすることに同意し、そしてその同意したプレーヤーの1人が違った順番でプレーした場合、その同意をした各プレーヤーは一般の罰(2罰打)を受ける。**

(2) 安全を間違いなく確保できる方法で違う順番でプレーする(レディーゴルフ)。

プレーヤーは次のような場合、安全を間違いなく確保できる方法で違う順番でプレーすることが認められ、推奨される：

- 複数のプレーヤーが利便性や時間節約のためにそうすることに同意した。

- プレーヤーの球が**ホール**のすぐ近くに止まり、そのプレーヤーがホールアウトを望んでいる。

- (1)に基づいてプレーする順番のプレーヤーがまだプレーする準備ができていない状態で、他のプレーヤーを危険にさらしたり、気を散らしたり、妨げとなることなく、先にプレーする準備ができているプレーヤーがいる。

しかし、(1)に基づいてプレーする順番のプレーヤーがプレーする準備ができていて、先にプレーしたいという意思を示している場合、他のプレーヤーは通常はそのプレーヤーがプレーをするまで待つべきである。

プレーヤーは他のプレーヤーたちより優位に立つために違った順番でプレーするべきではない。

6.4c ティーイングエリアからプレーヤーが暫定球または別の球をプレーする場合

プレーヤーが**ティーイングエリア**から**暫定球**または別の球をプレーする場合、プレーの順番はその組のすべての他のプレーヤーがそのホールの最初の**ストローク**を行った後となる。

複数のプレーヤーが**ティーイングエリア**から**暫定球**や別の球をプレーする場合、そのプレーの順番は前の順番と同じとなる。

違った順番でプレーされた**暫定球**や別の球については、規則6.4a(2)と規則6.4b参照。

6.4d プレーヤーが救済を受ける場合、またはティーイングエリア以外の場所から暫定球をプレーする場合

次の2つの状況で規則6.4a(1)と規則6.4b(1)に基づくプレーの順番：

(1) 球があった場所とは違う所から球をプレーする救済を受ける。

- ストロークと距離の救済を受けなければならないことをプレーヤーが知っていた場合。そのプレーヤーのプレーの順番はそのプレーヤーの直前のストロークが行われた箇所に基づく。

- 球をあるがままにプレーするか、救済を受けるかの選択肢をプレーヤーが持っている場合。

  » そのプレーヤーのプレーの順番は元の球があった箇所に基づく(分からない場合は推定しなければならない)(規則14.2参照)。

  » このことはプレーヤーがすでにストロークと距離の救済をとること、または元の球の位置とは違う所からプレーする救済を受けること(元の球がペナルティーエリアにある、またはアンプレヤブルとして扱われる場合)をすでに決めている場合でも適用となる。

(2) 暫定球をプレーする。プレーヤーが暫定球をプレーする順番は、直前のストロークを行った後で他の誰かがプレーする前となる。ただし、次の場合を除く：

- ティーイングエリアからホールをスタートする場合(規則6.4c参照)。

- 暫定球をプレーするかどうかをプレーヤーが決めかねている場合(この場合のプレーヤーの順番は、プレーヤーが暫定球をプレーすることを決定した時点で、直前のストロークが行われた箇所に基づく)。

6.5 ホールのプレーを終了する

次の場合、プレーヤーはホールを終了したことになる：

- マッチプレー：

  » プレーヤーがホールアウトした、またはプレーヤーの次のストロークがコンシードされた。

  » ホールの結果が決まる(例えば、相手がそのホールをコンシードした場合、そのホールの相手のスコアがプレーヤーの可能性があるスコアよりも少ない場合、あるいはプレーヤーまたは相手が一般の罰(ホールの負け)を受ける場合)。

- **ストロークプレー**。プレーヤーが規則3.3cに基づいてホールアウトをした場合。

プレーヤーがそのホールを終了していたことを知らずに、そのホールのプレーを終了しようとしていた場合、そのプレーヤーのさらなるプレーは練習とはみなされず、そのプレーヤーは別の球(**誤球**を含む)をプレーしたことについて罰を受けない。

規則21.1b(1)、規則21.2b(1)、規則21.3b(1)、規則23.3c (ストロークプレーの他の形式あるいはフォアボールでプレーヤーがホールを終了したことになる場合)参照。

III

球をプレーすること
規則7〜11

<table>
<tr><td>規則
7</td><td>## 球の捜索：球を見つけること、
確認すること</td></tr>
</table>

規則の目的：

規則7はプレーヤーが各ストロークの後に自分の**インプレー**の球を**フェア**に捜索するために**合理的な行動**をとることを認めている。

- しかし、プレーヤーが行き過ぎた行動をしてそのプレーヤーの次のストロークに影響を及ぼす状態を改善する原因となった場合は罰を適用することになるので、プレーヤーは注意を払わなければならない。
- プレーヤーが球を見つけようとする、または確認しようとするときにその球を偶然に動かしても罰を受けないが、元の箇所にその球を**リプレース**しなければならない。

7.1　球をフェアに捜索する方法

7.1a　プレーヤーは球を見つけ、確認するために合理的な行動をとることができる

プレーヤーは各ストロークの後に自分の**インプレー**の球を見つける責任がある。

プレーヤーは球を見つけて確認するために**合理的な行動**をとることにより球を**フェア**に捜索することができる。例えば：

- 砂や水を動かすこと。
- 草、ブッシュ、木の枝、その他の生長または付着している自然物を動かすこと、または曲げること。そしてそのような物を壊すこと。しかし、球を見つける、または確認するために合理的な行動をとったが、結果として壊してしまった場合に限る。

そのようなフェアな捜索の一部として合理的な行動をとることで**ストロークに影響を及ぼす状態**を改善した場合：

- その**改善**がフェアな捜索の結果である場合、規則8.1aに基づく罰はない。
- しかし、その**改善**がフェアな捜索のために合理的な限度を超えた行動の結果である場合は、そのプレーヤーは規則8.1aの違反に対して**一般の罰**を受ける。

球を見つけて確認しようとするときに、プレーヤーは、規則15.1で認められるとおりに**ルースインペディメント**を取り除くことができるし、規則15.2で認められるとおりに**動かせる障害物**を取り除くことができる。

7.1b　プレーヤーの球を見つける、あるいは確認しようとしている間に、その球のライに影響を及ぼす砂を動かした場合に行うこと

- プレーヤーはその砂の中の元のライを復元しなければならない。しかし、球が砂に被われていた場合はその球のほんの一部を見えるようにしておくことができる。

- プレーヤーが元のライに復元せずにその球をプレーした場合、そのプレーヤーは一般の罰を受ける。

7.2　球を確認する方法

止まっているプレーヤーの球は次のいずれかの方法で確認することができる：

- それがプレーヤーの球であることが分かっている状況では、その球が止まるのを見ていたプレーヤーや他の誰かが確認する。

- その球の識別マークを見ることによって確認する(規則6.3a参照)。しかし、このことは、同じ識別マークの同一の球が同じ区域で見つけられた場合には適用しない。

- プレーヤーの球があると思われる区域で、そのプレーヤーの球と同じブランド、モデル、番号、状態である球を見つけることによって確認する。しかし、これは、その同じ区域に同一の球があり、どちらがプレーヤーの球であるかを知る方法がない場合には適用しない。

プレーヤーの暫定球が自分の元の球と区別ができない場合は、規則18.3c(2)を参照。

7.3　確認のために球を拾い上げること

ある球がプレーヤーの球である可能性があるが、あるがままの状態では確認できない場合：

- プレーヤーは確認のためにその球を拾い上げること(球を回すことを含む)ができる。しかし、

- 球の箇所を最初にマークしなければならず、球を確認するのに必要とする以上はふいてはならない(ただし、パッティンググリーンを除く)(規則14.1参照)。

拾い上げた球がプレーヤーの球、または別のプレーヤーの球であった場合、その球を元の箇所にリプレースしなければならない(規則14.2参照)。

プレーヤーが球を確認する合理的な必要性がないのにこの規則に基づいて自分

の球を拾い上げたり(ただし、規則13.1bに基づいてプレーヤーが拾い上げることができるパッティンググリーンを除く)、その球を拾い上げる前にその球の箇所をマークしなかったり、認められていないのにその球をふいたりした場合は、プレーヤーは1罰打を受ける。

規則7.3に違反して誤所から球をプレーしたことに対する罰：規則14.7aに基づく一般の罰。

7.4 見つけようとしている、または確認しようとしているときに偶然に動かされた球

見つけようとしている、または確認しようとしている間に、プレーヤー、相手、他の誰かがそのプレーヤーの球を偶然に動かした場合、罰はない。しかし、プレーヤーがその球を捜し始める前にそのプレーヤーがその球を動かす原因となった場合、そのプレーヤーは規則9.4bに基づいて1罰打を受ける。

この規則でいう「偶然に」には、球を動かすことでその位置が明らかになる可能性が高い状況で、誰かが球を見つけようとして、合理的な行動をとったことによって、球が動かされた場合を含む(例えば、長い芝草を足で掃いたり、木を揺らすことなどによって)。

これらの状況では、その球を元の箇所にリプレースしなければならない(分からない場合は推定しなければならない)(規則14.2参照)。そうする場合は：

- 球が動かせない障害物、不可分な物、境界物、生長または付着している自然物の上、下にある、または寄りかかっている場合、その球はそのような物の上、下、または寄りかかっていた元の箇所にリプレースしなければならない(規則14.2c参照)。

- 球が砂に被われていた場合、元のライを復元しなければならず、その球はそのライにリプレースしなければならない(規則14.2d(1)参照)。しかし、そうする場合、プレーヤーは球のほんの一部を見えるようにしておくことができる。

規則15.1a参照(球をリプレースする前に特定のルースインペディメントを故意に取り除くことに関する制限)。

規則7.4の違反の罰：一般の罰。

規則 8 コースはあるがままにプレー

規則の目的：

規則8はこのゲームの主要な原則「コースはあるがままにプレー」を扱っている。プレーヤーの球が止まった場合、プレーヤーはストロークに影響を及ぼす状態を通常は受け入れなければならず、その球をプレーする前にその状態を改善してはならない。しかしながら、それらの状態を改善してしまうことになったとしてもプレーヤーがとることができる特定の合理的な行動がある。そしてそれらの状態を改善したり、悪化させても罰なしにその状態を復元することができる限定的な状況もある。

8.1 ストロークに影響を及ぼす状態を改善するプレーヤーの行動

「コースはあるがままにプレー」という原則を守るために、次の「ストロークに影響を及ぼす状態」(コース内外を問わず)は保護される。したがって、この規則はプレーヤーが行う次のストロークに対してその状態を改善することを制限している：

- 止まっているそのプレーヤーの球のライ、

- そのプレーヤーの意図するスタンス区域、

- そのプレーヤーの意図するスイング区域、

- そのプレーヤーのプレーの線、

- そのプレーヤーが球をドロップまたはプレースすることになる救済エリア。

この規則はラウンド中と、規則5.7aに基づくプレーの中断中の両方で行われる行動に適用する。

この規則は次のことには適用しない：

- 規則15の規定で認められる範囲でルースインペディメントや動かせる障害物を取り除くこと。

- 規則11で扱うプレーヤーの球が動いている間に行った行動。

8.1a 認められていない行動

プレーヤーはストロークに影響を及ぼす状態が改善されてしまう場合には次の行動をとってはならない。ただし、規則8.1b、c、dで認められた限定的な方法を除く。

(1) 次の物を動かす、曲げる、壊す：

- 生長または付着している自然物。
- **動かせない障害物、不可分な物、境界物。**
- **ティーイングエリア**から球をプレーするときのその**ティーイングエリア**の**ティーマーカー。**

(2) **ルースインペディメント**や**動かせる障害物**を所定の位置に置く(例えば、スタンスの場所を作るため、または**プレーの線**を**改善**するため)。

(3) 次のことを含め、地面を変える：

- ディボットをディボット跡に戻す。
- すでに戻されているディボット、またはすでに所定の位置にある他の切り芝を取り除いたり、押し付ける。
- 穴、窪み、起伏のある面を作ったり、なくす。

(4) 砂やバラバラの土を取り除く、または押し付ける。

(5) 露、霜、水を取り除く。

規則8.1aの違反の罰：一般の罰。

8.1b 認められる行動

ストロークの準備をしているときや、ストロークを行っているときに、プレーヤーは次の行動をとることができる。そして、その結果として、たとえそのストロークに影響を及ぼす状態を改善したとしても罰はない：

(1) 自分の球を見つけて確認するために合理的な行動をとることによってフェアに捜索する(規則7.1a参照)。

(2) **ルースインペディメント**(規則15.1参照)と**動かせる障害物**(規則15.2参照)を取り除くために合理的な行動をとる。

(3) 球の箇所を**マーク**するため、そして規則14.1と規則14.2に基づいてその球を拾い上げ、**リプレース**するために合理的な行動をとる。

(4) 球の直前、または直後にクラブを軽く地面に置く。「クラブを軽く地面に置く」とは、そのクラブの重さが地面や地面の上にある芝草、土壌、砂、あるいは他の物質によって支えられても良いことを意味する。

しかし次のことは認められない：

- クラブを地面に押し付ける。

- 球が**バンカー**にある場合、球の直前、直後の砂に触れること(規則12.2b(1)参照)。

(5) **スタンス**をとるときに両足をしっかりと据える(合理的な程度で砂の中やバラバラの土の中に足を潜り込ませることを含む)。

(6) 球の所に行き**スタンス**をとるために合理的な行動をとることによってフェアに**スタンス**をとる。

しかし、そうする場合プレーヤーは：

- 通常の**スタンス**をとったり、通常のスイングを行う権利はない。

- その特定の状況に対応するために最も控えめな行動をとらなければならない。

(7) **ストローク**を行う、またはその後に行う**ストローク**のためのバックスイングをする。

しかし、球が**バンカー**にある場合は、バックスイングのときにその**バンカー**の砂に触れることは規則12.2b(1)に基づいて禁止される。

(8) **ティーイングエリア**で：

- **ティー**を地面に刺したり、置いたりすること(規則6.2b(2)参照)。

- 生長または付着している自然物を動かす、曲げる、壊す(規則6.2b(3)参照)。

- 地面を変える。砂や土を取り除いたり、押し付ける、または露、霜、水を取り除く(規則6.2b(3)参照)。

(9) **バンカー**から球をプレーしてその**バンカー**外に出した後で**コース**保護のために砂をならす(規則12.2b(3)参照)。

(10) **パッティンググリーン**上で、砂やバラバラの土を取り除いたり、損傷を修理する(規則13.1c参照)。

(11) 自然物が分離しているかどうかを知るために動かす。

しかし、その物が生長または付着していることが分かった場合、付着しているままにしておかなければならず、できるだけ元の位置に戻さなければならない。

規則25.4g(移動補助具を使うプレーヤーがスタンスをとるときの規則8.1b(5)の修正)参照。

8.1c 規則8.1a(1)や規則8.1a(2)に違反して改善した状態を復元することによって罰を免れる

規則8.1a(1)に違反して物を動かしたり、曲げたり、壊したりして、または規則8.1a(2)に違反して物を所定の位置に動かすことによってプレーヤーが**ストロークに影響を及ぼす状態**を**改善**した場合：

- 次の**ストローク**を行う前にプレーヤーが次の(1)と(2)が認める方法で元の状態を復元することによって**改善**を無くした場合、罰はない。

- しかし、プレーヤーが規則8.1a(3)〜(5)によって扱われている行動をとることにより**ストロークに影響を及ぼす状態**を**改善**した場合、そのプレーヤーは元の状態に復元しても罰を免れることはできない。

(1) 物を動かす、曲げる、壊すことにより改善した状態を復元する方法。ストロークを行う前に、元の物を元の位置にほぼ同様に復元することによって違反により生じた**改善**をなくせば、プレーヤーは規則8.1a(1)の違反の罰を免れることができる。例えば：

- 取り除いた**境界物**(例えば、境界杭)を元に戻すこと、または角度を変えるために押した**境界物**を元の位置に戻すこと。

- 動かした木の枝、草、**動かせない障害物**を元の位置に戻すこと。

しかし、次の場合、プレーヤーは罰を免れることはできない：

- **改善**がなくならない場合(例えば、**境界物**や枝を著しく曲げたり、壊したりしたので、元の位置に戻すことができない)。

- 状態を復元しようとして元の物以外の何かを使用する場合。例えば：

  » 違う物や追加の物を使用する(例えば、境界杭を取り除いた穴に違う杭を入れる、または取り除いた枝を元の場所に結ぶ)。

  » 元の物を修復するために他の物質を使用する(例えば、壊れた**境界物**や枝を修復するためにテープを使用する)。

(2) 物を移動することによって改善した状態を復元する方法。ストロークを行う前に、所定の位置に動かした物を元に戻すことによってプレーヤーは規則

8.1a(2)の違反の罰を免れることができる。

8.1d　球が止まった後に悪化した状態の復元

プレーヤーの球が止まった後にストロークに影響を及ぼす状態が悪化した場合:

(1) **悪化した状態の復元が認められる場合。**ストロークに影響を及ぼす状態が、プレーヤー以外の人、または**動物**によって悪化した場合、規則8.1aに基づく罰なしに、プレーヤーは次のことができる:

- 出来る限りほぼ同様に元の状態に復元する。

- 元の状態に復元するためにそうすることが合理的な場合、またはその状態が悪化したときに物質が球の上に載ってしまった場合は、球の箇所を**マーク**して拾い上げて、ふいて、その球を元の箇所に**リプレース**する(規則14.1と規則14.2参照)。

- 悪化された状態が簡単に復元できない場合、その球を拾い上げて、(1)ストロークに影響を及ぼす状態に最も似ていて、(2)元の箇所から1クラブレングス以内で、(3)元の箇所と同じ**コースエリア**(ホールに近づかない)で最も近い箇所に置くことよって**リプレース**することができる。

例外−球を拾い上げた、または動かしたときやその後で、その球をリプレースする前に悪化した球のライ:このことは規則14.2dで扱う。ただし、中断して球を拾い上げた後でライが悪化した場合はこの規則を適用する。

(2) **悪化した状態の復元が認められない場合。**プレーヤーは次の原因によって悪化された**ストロークに影響を及ぼす状態**を改善してはならない(ただし、規則8.1c(1)、規則8.1c(2)、規則13.1cが認めている場合を除く)。

- そのプレーヤー(そのプレーヤーの**キャディー**を含む)。

- そのプレーヤーによって承認された行動をしている人(**レフェリー**を除く)。

- 風、水などの**自然の力**。

プレーヤーが**改善**することが認められていない悪化した状態を**改善**した場合、プレーヤーは規則8.1aに基づいて**一般の罰**を受ける。

規則8.1dに違反して誤所からプレーしたことに対する罰:規則14.7aに基づく一般の罰。

規則22.2(フォアサムでは、パートナーはいずれもそのサイドのために行動することができ、そのパートナーの行動はそのプレーヤーの行動として扱われる);規則23.5(フォアボールでは、パートナーはいずれもそのサイドのために行動す

ることができ、プレーヤーの球や用具に関係するパートナーの行動はプレーヤーの行動として扱われる)参照。

8.2 プレーヤー自身の止まっている球、または行うことになるストロークに影響を及ぼす他の物理的状態を変えるプレーヤーの故意の行動

8.2a 規則8.2を適用する場合

この規則は自分の止まっている球や行うことになる**ストローク**に影響を及ぼす他の物理的な状態を変えるプレーヤーの故意の行動を扱っている。

この規則は次のプレーヤーの行動には適用しない:

- 故意に自分自身の球の方向を変える、または止める、あるいは球が止まるかもしれない場所に影響を及ぼす物理的状態を故意に変える(規則11.2と規則11.3で扱う)。

- そのプレーヤーの**ストローク**に影響を及ぼす状態を変える(規則8.1aで扱う)。

8.2b 他の物理的状態を変える禁止行動

プレーヤーは、次の場所に影響を及ぼす他の物理的状態を変えるために規則8.1aに掲載されている行動を故意にとってはならない(ただし、規則8.1b,c,dで認められている場合を除く):

- 次の**ストローク**や以降の**ストローク**で球が行く、または止まる可能性がある。

- プレーヤーの止まっている球が**ストローク**が行われる前に**動いた**場合、その球が行く、または止まる可能性のある場所(例えば、球が急な傾斜の上にあり、ブッシュの中に転がっていくかもしれないとプレーヤーが心配している場合)。

例外-コースを保護するための行動:プレーヤーが**コース**を保護するために他の物理的状態を変えた場合(例えば、**バンカー**の足跡をならすこと、ディボットをディボット跡に戻すこと)、この規則に基づく罰はない。

規則8.2の違反の罰:一般の罰。

規則22.2(フォアサムでは、パートナーはいずれもそのサイドのために行動することができ、そのパートナーの行動はそのプレーヤーの行動として扱われる);規則23.5(フォアボールでは、パートナーはいずれもそのサイドのために行動することができ、プレーヤーの球や用具に関係するパートナーの行動はプレーヤーの行動として扱われる)参照。

8.3　他のプレーヤーの止まっている球、または行うことになるストロークに影響を及ぼす物理的状態を変えるプレーヤーの故意の行動

8.3a　規則8.3を適用する場合

この規則は他のプレーヤーの止まっている球やその他のプレーヤーが行う**ストローク**に影響を及ぼす物理的状態を変えるプレーヤーの故意の行動だけを扱っている。

他のプレーヤーの動いている球の方向を故意に変える、止める、または球が止まるかもしれない場所に影響を及ぼす物理的状態を変えるプレーヤーの行動には適用しない(規則11.2と規則11.3で扱う)。

8.3b　他の物理的状態を変える禁止行動

プレーヤーは次のことをするために規則8.1aに掲載されている行動を故意に行ってはならない(ただし、規則8.1b,c,dで認められる場合を除く):

- 別のプレーヤーの**ストローク**に影響を及ぼす状態を**改善**または**悪化**させること。

- 影響を及ぼす他の物理的状態を変えること:

  » 別のプレーヤーの球がそのプレーヤーの次の**ストローク**や以降の**ストローク**で球が行く、または止まる可能性がある場所。

  » 別のプレーヤーの止まっている球が**ストローク**の行われる前に**動いた**場合にその球が行く、または止まる可能性がある場所。

例外-コースを保護するための行動:プレーヤーが**コース**を保護する為に他の物理的状態を変えた場合、この規則に基づく罰はない(例えば、**バンカー**の足跡をならすこと、ディボットをディボット跡に戻すこと)。

規則8.3の違反の罰:一般の罰。

規則22.2(フォアサムでは、パートナーはいずれもそのサイドのために行動することができ、そのパートナーの行動はそのプレーヤーの行動として扱われる);規則23.5(フォアボールでは、パートナーはいずれもそのサイドのために行動することができ、プレーヤーの球や用具に関係するパートナーの行動はプレーヤーの行動として扱われる)参照。

規則
9
球はあるがままにプレー；止まっている球が拾い上げられる、動かされる

規則の目的：

規則9はこのゲームの主要な原則「球はあるがままにプレー」を扱っている。

- プレーヤーの球が止まり、その後、風や水などの自然の力によって動かされた場合、そのプレーヤーは通常は新しい箇所からその球をプレーしなければならない。

- 止まっている球が、ストロークが行われる前に誰かに、または外的影響によって拾い上げられたり、動かされた場合、その球は元の箇所にリプレースしなければならない。

- プレーヤーは止まっている球の近くでは慎重に行動するべきであり、自分の球や相手の球を動かす原因となったプレーヤーは通常は罰を受けることになる(パッティンググリーンを除く)。

規則9はコース上に止まっているインプレーの球に適用し、ラウンド中と規則5.7aに基づくプレーの中断中の両方に適用する。

9.1 球はあるがままにプレーする

9.1a 球が止まった所からプレーする

コース上に止まっているプレーヤーの球はあるがままにプレーしなければならない。ただし、規則がプレーヤーに次のことを要求している、または認めている場合を除く：

- そのコース上の別の場所から球をプレーすること。

- 球を拾い上げ、その後でその球を元の箇所にリプレースすること。

9.1b バックスイング中やストローク中に球が動かされた場合に行うこと

プレーヤーがストロークを始めた後や、ストロークのためにバックスイングを始めた後に、プレーヤーの止まっていた球が動き始めたが、プレーヤーがそのストロークを続けた場合：

- 球が動いた原因に関係なく、その球をリプレースしてはならない。

- その代わりに、そのストローク後に球が止まった場所からその球をプレーしなければならない。

- プレーヤーが球の動く原因となっていた場合、罰があるかどうかは規則9.4b を参照。

規則9.1に違反して誤所から球をプレーしたことに対する罰：規則14.7aに基づく一般の罰。

9.2 球が動いたかどうか、そして動かした原因の決定

9.2a 球が動いたかどうかの決定

止まっているプレーヤーの球が動いたことが「分かっている、または事実上確実」な場合にだけ動いたものとみなされる。

球が動いたかもしれないが、それが「分かっている、または事実上確実」ではない場合、その球は動いていないものとして扱われ、その球をあるがままにプレーしなければならない。

9.2b 球を動かした原因の決定

止まっているプレーヤーの球が動いた場合：

- その球を動かした原因を決定しなければならない。

- その原因によって、プレーヤーがその球をリプレースしなければならないのか、あるがままの状態でプレーしなければならないのか、また、罰があるのかを決定する。

(1) 可能性のある4つの原因。プレーヤーがストロークを行う前に、止まっていた球が動いた場合、規則はその原因の可能性を次の4つに限定している：

- 風や水などの自然の力(規則9.3参照)。

- プレーヤーの行動(そのプレーヤーのキャディーの行動を含む)(規則9.4参照)。

- マッチプレーの相手の行動(その相手のキャディーの行動を含む)(規則9.5参照)。

- 外的影響(ストロークプレーの他のプレーヤーを含む) (規則9.6参照)。

  規則22.2(フォアサムでは、パートナーはいずれもそのサイドのために行動することができ、そのパートナーの行動はそのプレーヤーの行動として扱われる)参照。；規則23.5(フォアボールでは、パートナーはいずれもそのサイドのために行動することができ、プレーヤーの球や用具に関係するパートナーの行動はプレーヤーの行動として扱われる)参照。

(2) 球を動かした原因を決定するための「分かっている、または事実上確実」の基準。

- プレーヤー、**相手**、**外的影響**は、それが原因であることが「**分かっている、または事実上確実**」な場合にだけ、球を**動かす**原因となっていたと扱われる。

- 上記のうち少なくとも1つが原因であったことが「**分かっている、または事実上確実**」ではない場合、**自然の力**が球を**動かした**ものと扱われる。

この基準を適用する場合、合理的に入手できるすべての情報を検討しなければならない。つまり、これはプレーヤーが知っているすべての情報、または合理的な努力によって、そして不当にプレーを遅らせることなく得ることができるすべての情報を意味する。

9.3 自然の力が動かした球

自然の力(例えば、風や水)が止まっているプレーヤーの球を**動かす**原因となった場合:

- 罰はない。

- その球を新しい箇所からプレーしなければならない。

例外1－パッティンググリーンの球が、その球をすでに拾い上げて元の箇所にリプレースした後に動いた場合、その球をリプレースしなければならない(規則13.1d参照):パッティンググリーンのプレーヤーの球が、プレーヤーがその球を拾い上げてリプレースした後にその箇所から**動いた**場合:

- その球を元の箇所にリプレースしなければならない(分からない場合は推定しなければならない)(規則14.2参照)。

- これは球の動いた原因(自然の力を含む)に関係なく同じである。

例外2－ドロップ、プレース、リプレースした後に止まっている球がコースの他のエリアに移動したり、アウトオブバウンズに移動した場合、その球をリプレースしなければならない:プレーヤーが元の球か別の球を**ドロップ**、**プレース**、または**リプレース**することによって**インプレー**にした後で、**自然の力**がその止まっている球を**動かす**原因となり、その球が他の**コースエリア**、またはアウトオブバウンズに止まった場合、その球は元の箇所にリプレースしなければならない(分からない場合は推定しなければならない)(規則14.2参照)。しかし、パッティンググリーン上でリプレースされた球については例外1参照。

規則9.3に違反して誤所から球をプレーしたことに対する罰:規則14.7aに基づく一般の罰。

9.4 プレーヤーが拾い上げた、または動かした球

この規則はプレーヤー(そのプレーヤーのキャディーを含む)が止まっている自分の球を拾い上げたり、プレーヤーまたはそのキャディーの行動が自分の球を**動かす**原因となったことが「**分かっている、または事実上確実**」な場合にだけ適用する。

9.4a 拾い上げた、または動かした球をリプレースしなければならない場合

プレーヤーが止まっている自分の球を拾い上げたり、その球が**動く**原因となった場合、その球は元の箇所(分からない場合は推定しなければならない)に**リプレース**しなければならない(規則14.2参照)。ただし、次の場合を除く:

- プレーヤーが救済を受けるために規則に基づいて球を拾い上げた場合、または違う箇所にその球を**リプレース**するために、その球を拾い上げた場合(規則14.2dと規則14.2e参照)。
- プレーヤーが**ストローク**や、その**ストローク**のためのバックスイングを始めた後に球が**動き**、そして**ストローク**を続けた場合(規則9.1b参照)。

9.4b 球を拾い上げること、故意に球に触れること、球を動かす原因となったことに対する罰

プレーヤーが止まっている自分の球を拾い上げたり、故意に触れたり、**動かす**原因となった場合、そのプレーヤーは1罰打を受ける。

しかし、5つの**例外**がある:

例外1−プレーヤーが球を拾い上げたり、動かすことが認められる: プレーヤーが次の規則に基づいて球を拾い上げたり、**動かす**原因となる場合、罰はない:

- 球を拾い上げ、その後で元の箇所に**リプレース**することを認めている規則。
- **動かされた**球を元の箇所に**リプレース**することを要求する規則。
- プレーヤーに球を再び**ドロップ**やプレースする、または違う所からプレーすることを要求する、認めている規則。

例外2−球を見つけようとしている、確認しようとしているときの偶然の動き: プレーヤーが見つけようとしている、確認しようとしている間にプレーヤーが偶然にその球を**動かす**原因となった場合、罰はない(規則7.4参照)。

例外3−パッティンググリーンでの偶然の動き: プレーヤーがパッティンググ

リーンの球を偶然に**動かした**場合、どのようにして**動いた**のかに関係なく罰はない(規則13.1d参照)。

例外4-規則を適用している間のパッティンググリーン以外の場所での偶然の動き：プレーヤーがパッティンググリーン以外の場所で次の合理的な行動をとっている間に偶然に球を**動かす**原因となった場合、罰はない：

- 球の箇所を**マーク**する、または球を拾い上げる、**リプレース**することが認められているときに、そうする(規則14.1と規則14.2参照)。

- **動かせる障害物**を取り除く(規則15.2参照)。

- 悪化した状態を復元することが認められているときに、そうする(規則8.1d参照)。

- 規則に基づいて救済を受けることができるかを決定するとき(例えば、ある状態からの障害があるかを確かめるためにクラブでスイングをする)、または救済を受ける場所を決定するとき(例えば、**完全な救済のニヤレストポイント**を決定する)を含め、規則に基づいて救済を受ける。

- 規則に基づいて計測する(例えば、規則6.4に基づいてプレーの順番を決定する)。

例外5-球がプレーヤーや用具に寄りかかって止まった後に動く：プレーヤーの球が、**ストローク**の結果(規則11.1)や、その球を**ドロップ**した結果(規則14.3c(1))としてそのプレーヤーや、そのプレーヤーの用具に寄りかかって止まった後に、プレーヤーが動く、またはプレーヤーがその**用具**を取り除く際にそのプレーヤーが球を動かした原因となった場合、罰はない。

規則9.4に違反して誤所から球をプレーしたことに対する罰：規則14.7aに基づく一般の罰。

プレーヤーが規則9.4に基づいて動かされた球を**リプレース**しなければならないのに、**リプレース**せずに誤所からプレーした場合、そのプレーヤーは規則14.7aに基づく一般の罰だけを受ける(規則1.3c(4)例外参照)。

9.5 マッチプレーで、相手が拾い上げた、または動かした球

この規則は**相手(相手のキャディーを含む)**が止まっているプレーヤーの球を拾い上げたり、**相手**または**相手のキャディー**が球を動かす原因となったことが「**分かっている、または事実上確実**」な場合にだけ適用する。

相手がプレーヤーの球を**誤球**としてプレーした場合、この規則ではなく、規則6.3c(1)で扱う。

9.5a 拾い上げた、または動かした球をリプレースしなければならない場合

相手が止まっているプレーヤーの球を拾い上げたり、動かした場合、その球を元の箇所にリプレースしなければならない(分からない場合は推定しなければならない)(規則14.2参照)。ただし、次の場合を除く:

- 相手が次のストローク、ホール、またはマッチをコンシードしている場合(規則3.2b参照)。
- プレーヤーに救済を受ける規則を適用する、または球を違う箇所にリプレースする規則を適用する意図があって、相手がそのプレーヤーの要請でその球を拾い上げた、あるいは動かした場合。

9.5b 球を拾い上げること、故意に球に触れること、球を動かす原因となったことに対する罰

相手がプレーヤーの止まっている球を拾い上げたり、故意に触れたり、動かす原因となった場合、相手は1罰打を受ける。

しかし、いくつかの例外がある:

例外1－相手がプレーヤーの球を拾い上げることを認められている：次のときに相手がプレーヤーの球を拾い上げても罰はない：

- そのプレーヤーにストローク、ホール、またはマッチをコンシードするとき。
- そのプレーヤーの要請によるとき。

例外2－誤ってパッティンググリーンのプレーヤーの球をマークし、拾い上げる：相手がプレーヤーの球を自分の球だと勘違いしてパッティンググリーンのそのプレーヤーの球の箇所をマークして拾い上げた場合、罰はない。

例外3－プレーヤーに対するものと同じ例外：相手が規則9.4bの例外2,3,4,5が扱っている行動をしている間に偶然に球を動かした場合、罰はない。

規則9.5に違反して誤所から球をプレーしたことに対する罰：規則14.7aに基づく一般の罰。

9.6 外的影響が拾い上げた、動かした球

外的影響(ストロークプレーの別のプレーヤーや別の球を含む)がプレーヤーの止まっている球を拾い上げたり、動かしたことが「分かっている、または事実上確実」な場合:

- 罰はない。

- その球を元の箇所に**リプレース**しなければならない(分からない場合は推定しなければならない)(規則14.2参照)。

これはそのプレーヤーの球が見つかっていたかどうかにかかわらず適用する。

しかし、外的影響が球を拾い上げたり、**動かした**ことが「**分かっている、または事実上確実**」ではなく、その球が**紛失**となった場合、プレーヤーは規則18.2に基づいて**ストロークと距離**の救済を受けなければならない。

プレーヤーの球が別のプレーヤーによって**誤球**としてプレーされた場合は、この規則ではなく、規則6.3c(2)で扱う。

規則9.6に違反して誤所から球をプレーしたことに対する罰：規則14.7aに基づく一般の罰。

9.7 拾い上げた、または動かしたボールマーカー

この規則は、拾い上げた球の箇所をマークしているボールマーカーを、その球をリプレースする前に拾い上げたり、動かした場合に行うことを扱っている。

9.7a 球やボールマーカーをリプレースしなければならない

プレーヤーのボールマーカーが、球をリプレースする前に、何らかの方法(**自然の力**によるものを含む)で拾い上げられたり、動かされたことが「**分かっている、または事実上確実**」な場合、プレーヤーは次のいずれかをしなければならない：

- 球を元の箇所に**リプレース**する(分からない場合は推定しなければならない)(規則14.2参照)。

- 球が元あった箇所をマークするためにボールマーカーを置く。

9.7b ボールマーカーを拾い上げたり、動かす原因となったことに対する罰

プレーヤー、または**マッチプレー**での相手が、球を拾い上げていてまだ**リプレース**していないときにそのプレーヤーの**ボールマーカー**を拾い上げたり、動かす原因となった場合、そのプレーヤーやその相手は1罰打を受ける。

例外－規則9.4bと規則9.5bの例外はボールマーカーを拾い上げること、または**ボールマーカー**が動く原因となることにも適用する：プレーヤーや相手がそのプレーヤーの球を拾い上げたり、偶然に球を**動かす**原因となっても罰を受けな

い例外を適用する場合はいつでも、プレーヤーのボールマーカーを拾い上げたり、偶然に動かしたことに対しても罰はない。

規則9.7に違反して誤所から球をプレーしたことに対する罰：規則14.7aに基づく一般の罰。

規則 10 ストロークのための準備とストロークを行うこと；アドバイスと援助；キャディー

規則の目的：

規則10は、ストロークのための準備とストロークを行う方法を扱っており、プレーヤーが他の人(キャディーを含む)から得ることができるアドバイスや他の援助も含んでいる。その根底にある原則は、ゴルフは技術と個人の挑戦のゲームであるということである。

10.1 ストロークを行うこと

規則の目的：

規則10.1はストロークを行う方法と、ストロークを行うときに禁止されているいくつかの行為を扱っている。ストロークはクラブヘッドで球を正しく打つことによって行う。基本的な挑戦は、クラブをアンカリングせずに自由にスイングを行うことにより、クラブ全体の動きを管理・操作することである。

10.1a 球を正しく打つこと

ストロークを行う場合：

- プレーヤーはクラブと球の間に一瞬の接触があるようにクラブヘッド(どの部分でも)で正しく球を打たなければならず、球を押し出したり、掻き寄せたり、すくい上げてはならない。

- プレーヤーのクラブが偶然に2回以上球に当たった場合、1回の**ストローク**となるだけで、罰はない。

10.1b クラブをアンカリング(固定)すること

ストロークを行う場合、プレーヤーはクラブを次のいずれかによりアンカリング(固定)してはならない：

- 体のどこかにクラブやクラブを握っている手を固定させることにより行う直接的にアンカリングすること(ただし、プレーヤーがクラブやクラブを握っている手をどちらかの手や前腕に固定させることは認められる)。

- 「アンカーポイント」を使用した間接的なアンカリング。クラブを握っている手を安定点(ここを安定点としてもう一方の手でクラブをスイングできる点)として使用するために前腕を自分の体のどこかに固定させることにより行う。

プレーヤーのクラブ、握っている手や前腕をストローク中に体に固定させているのではなく、単にプレーヤーの体や衣服に触れている場合、この規則の違反とはならない。

この規則に関して、「前腕」とは肘関節より下の腕の部分であり、手首を含む。

図10.1b：クラブをアンカリング(固定)すること

認められる
グリップを前腕に当てる。

前腕や握っている手が体に触れていない。

認められない
クラブをおなかに固定する。

前腕や握っている手を胸に固定する。

規則25.3bと規則25.4h (義手や義足のプレーヤー、または移動補助器具を使うプレーヤーに対する規則10.1bの修正)参照 。

10.1c　プレーの線を跨いだり、踏みながらストロークを行うこと

プレーヤーは、故意に足を**プレーの線**(または球の後方延長線上)の両側に置いた**スタンス**、またはいずれかの足で**プレーの線**(または球の後方延長線上)に触れた**スタンス**でストロークを行ってはならない。

この規則に関してのみ、**プレーの線**にはその両側の合理的な幅を含まない。

例外−偶然にそうしたスタンスをとった場合や、別のプレーヤーのプレーの線を避けるためであった場合、罰はない。

規則25.4i (移動補助具を使用するプレーヤーのために、規則10.1cの修正には移動補助器具の部分を使ってとられる**スタンス**を含む)。

10.1d　動いている球をプレーすること

プレーヤーは動いている球に対して**ストローク**を行ってはならない：

- **インプレーの球**は、その球が1箇所に止まっていない場合、「動いている」ことになる。

- 止まった球が揺れている(または振動している)が、元の箇所に留まっている、または戻っている場合、その球は止まっているものとして扱われ、動いている球にはならない。

しかし、罰がない3つの**例外**がある：

例外1－プレーヤーがストロークのためにバックスイングを開始した後に初めて球が動き始めた場合：この状況で動いている球に対して**ストローク**を行うことは、この規則ではなく、規則9.1bで扱う。

例外2－ティーから落ちつつある球：ティーから落ちつつある球に対して**ストローク**を行うことは、この規則ではなく、規則6.2b(5)で扱う。

例外3－水の中で動いている球：球が一時的な水、またはペナルティーエリアの水の中で動いている場合：

- プレーヤーは罰なしにその動いている球に対して**ストローク**を行うことができる。

- プレーヤーは規則16.1や規則17に基づいて救済を受けることができ、その動いている球を拾い上げることができる。

いずれの場合も、プレーヤーは風や水の流れが球を良い所に移動させるためにプレーを不当に遅らせてはならない(規則5.6a参照)。

規則10.1に違反して**ストローク**を行ったことに対する罰：一般の罰。

ストロークプレーで、この規則に違反して行った**ストローク**はカウントし、プレーヤーは2罰打を受ける。

10.2　アドバイスと他の援助

規則の目的：
プレーヤーにとっての基本的な挑戦は自分のプレーのための戦略・戦術の決定である。したがって、プレーヤーがラウンド中に受けることができるアドバイスや援助には制限がある。

10.2a　アドバイス

ラウンド中、プレーヤーは次のことをしてはならない：

- 競技に参加していて**コース**で**プレー**している人に**アドバイス**を与えること。

- **プレーヤー**の**キャディー**以外の人に**アドバイス**を求めること。

- もし他の**プレーヤー**に与えたり、求めたりすると**アドバイス**となる情報を知ろうとしてその他の**プレーヤー**の**用具**に触れること(例えば、どのクラブを使用しているのかを知るために他の**プレーヤー**のクラブやバッグに触れる)。

このことは**ラウンド**の前、規則5.7aに基づく**プレー**の中断中、競技の複数の**ラウンド**間には適用しない。

規則10.2aの違反の罰：一般の罰。

マッチプレーと**ストロークプレー**の両方で、罰は次の通りに適用される：

- いずれかの**プレーヤー**が**ホール**を**プレー**しているときに、**プレーヤー**が**アドバイス**を求めたり、与えた。そのプレーヤーは**プレー**している**ホール**、または終えたばかりの**ホール**に一般の罰を受ける。

- 両方の**プレーヤー**が**ホール**と**ホール**の間にいたときに、**プレーヤー**が**アドバイス**を求めたり、与えた。そのプレーヤーは次の**ホール**に一般の罰を受ける。

規則22,規則23,規則24(パートナーを伴うプレー形式では、**プレーヤー**は自分のパートナーやそのキャディーに**アドバイス**を与えることができ、そしてそのパートナーやそのキャディーに**アドバイス**を求めることができる)参照。

10.2b 他の援助

(1) **プレーの線**や他の方向の情報について**キャディー**から援助を受ける。**プレーヤー**の**キャディー**が**プレーの線**や他の方向の情報について**プレーヤー**を援助する場合、その**キャディー**は次の制限を受ける：

- **キャディー**はそのような援助を与えるために物を置いてはならない(そして、**ストローク**を行う前にその物を取り除くことによって**プレーヤー**は罰を免れることはできない)。

- **ストローク**を行っている間、**キャディー**は次のことをしてはならない：

  » **プレーヤー**がプレーする方向の位置に立つこと。

  » そのような援助を与えるために他の何かをすること(例えば、地面の一点を指し示すなど)。

- **キャディー**は規則10.2b(4)に基づいて許されない場合は制限される区域に立ってはならない。

しかし、この規則は**旗竿**に付き添うために**キャディー**が**ホール**の近くに立つことを禁止していない。

(2) <u>**プレーの線**や他の方向の情報について**キャディー**以外の人から援助を受ける</u>。プレーヤーは**プレーの線**や他の方向の情報について**キャディー**以外の人から援助を受けてはならない。ただし、次の場合を除く：

- その人は物に関連する公開されている情報を教えることによって援助を与えることができる(見えないフェアウェイのセンターラインを示す木を指し示すなど)。

- そのプレーヤーの球が**パッティンググリーン**にある場合を除き、その人はプレーヤーがプレーする方向の場所に立つことができる。しかし、**ストローク**を行う前に離れなければならない。

しかし、この規則は**旗竿**に付き添うために誰かが**ホール**の近くに立つことを禁止していない。

(3) <u>**目標を定める、スタンスをとる、スウィングすることを援助するために物を置いてはいけない**</u>。プレーヤーは目標を定める援助とするため、または行うことになる**ストローク**のための**スタンス**をとる際の援助とするために物を置いてはならない(例えば、プレーヤーが目標を定める、または足を置くことになる場所を示すために地面にクラブを置くなど)。

「物を置く」は、物が地面に接していて、そのプレーヤーがその物に触れていないことを意味する。

プレーヤーがこの規則に違反した場合、**ストローク**を行う前にその物を取り除くことによって罰を免れることはできない。

この規則は同様の目的のために行動をすることに対しても適用する。例えば、スイングの援助とするためにプレーヤーが砂や露に印をつけるなど。

この規則は球の箇所を**マーク**するために使用されている**ボールマーカー**や、ある箇所にプレースされる球に対しては適用しない。しかし、**用具規則**の定義「アラインメント機器」に当てはまる**ボールマーカー**は規則4.3に基づいて扱われる。

規則25.2c(視覚障がいを持つプレーヤーに対する規則10.2b(3)の修正)参照。

(4) <u>**プレーヤーがストロークを行う前にキャディーに対して制限される区域**</u>。プレーヤーが**ストローク**のための**スタンス**をとり始めて(**スタンス**のための場所に少なくとも片方の足を置くことを意味する)から**ストローク**を行うまでの間、プレーヤーの**キャディー**がいつ、そしてどのような理由で球の後方の

プレーの線の延長線上やその近く(「制限される区域」という)に故意に立つことができるかに関しては、次の制限がある。

- 目標を定めること。キャディーはプレーヤーが目標を定めるのを援助するために制限される区域に立ってはならない。この援助にはキャディーが何も言わずに立ち去ったが、意図する目標に対してプレーヤーが正しく目標を定められる合図をそのプレーヤーに与えた場合を含む。しかし、ストロークを行う前にプレーヤーがその場を離れ、そのプレーヤーが再びストロークのためのスタンスをとり始める前にキャディーがその制限される区域を離れれば、罰はない。

- 目標を定めること以外の援助。目標を定めること以外でキャディーがプレーヤーに特定の何かを援助している場合(例えば、バックスイング中にプレーヤーのクラブが近くの木に当たるかどうかを知るために確認しているなど)、そのキャディーは制限される区域に立つことができるが、キャディーはそのストロークが行われる前に離れなければならず、そのように位置することが、いつもの手順の一部ではないことを条件とする。

キャディーが偶然に制限される区域に立っていた場合、罰はない。

この規則はプレーヤーのキャディー以外の人が球の行方を追う援助のために制限される区域に立たせることによってプレーヤーが援助を受けることを禁止していない。

規則22,規則23,規則24(パートナーやアドバイスギバーを伴うプレー形式では、プレーヤーのパートナー、そのパートナーのキャディー、すべてのアドバイスギバーは同じように制限される。)

規則25.2d(視覚障がいを持つプレーヤーに対する規則10.2b(4)の修正)参照。

(5) **物理的な援助、気を散らすものを排除すること、気象条件からの保護**。プレーヤーは:

- 自分の**キャディー**や他の人から物理的な援助を得ている間は**ストローク**を行ってはならない。

- 自分の**キャディー**、他の人、物を次のために故意に位置させて**ストローク**を行ってはならない。

  » 気を散らすものを排除するため。

  » 日差し、雨、風、その他の気象状況から保護を受けるため。

この規則は、プレーヤーに次のことを禁止していない:

- プレーヤーが**ストローク**を行っている間に気象状況に対して自分自身を保護するために行動することを禁止してはいない(例えば、保護服を着る、自分の頭上に傘をさす)。

- 故意ではなく位置していた人にそのままの位置に留まるように、あるいは動くように依頼すること(例えば、観客がプレーヤーの球に影を作っている場合など)。

規則10.2bの違反の罰:一般の罰。

10.3 キャディー

規則の目的:

プレーヤーはキャディーを1人使用することが認められており、キャディーにプレーヤーのクラブの運搬、アドバイスやその他の援助をラウンド中に行わせることができる。しかし、キャディーに認められる行動には制限がある。プレーヤーはラウンド中のキャディーの行動について責任があり、そのキャディーが規則違反をした場合、罰を受けることになる。

10.3a キャディーはラウンド中にプレーヤーを援助できる

(1) プレーヤーは一度に1人のキャディーだけが認められる。

プレーヤーは、そのプレーヤーのクラブを持って行く、運ぶ、扱う、またはそのプレーヤーに**アドバイス**を与えたり、**ラウンド**中に規則で認められる他の方法で援助する**キャディー**を使用することができる。しかし、次の制限がある:

- プレーヤーはどの時点でも一度に複数の**キャディー**を使用することはできない。

- プレーヤーはラウンド中にキャディーを替えることができる。しかし、単に新しいキャディーからアドバイスを受ける目的のために一時的に替えることはできない。

プレーヤーがキャディーを使用しているかどうかにかかわらず、プレーヤーと一緒に歩いている、または乗っている人、またはそのプレーヤーのために他の物(例えば、雨具、傘、飲食物)を持ち運んでいる人はそのプレーヤーのキャディーではない。ただし、そのような人であっても、プレーヤーがキャディーと指名していたり、プレーヤーのクラブを持って行ったり、運んでいたり、扱っていたりしていればそのプレーヤーのキャディーである。

(2) **複数のプレーヤーが1人のキャディーを共用することができる。**共用のキャディーの特定の行動に規則上の問題があり、どのプレーヤーのためにとった行動であるのかを決定する必要がある場合:

- そのキャディーの行動がそのキャディーを共用しているプレーヤーたちのうちの1人が出した特定の指示によるものであった場合、その行動は、そのプレーヤーのためにとられたことになる。

- その行動について特定の指示を出したプレーヤーがいない場合、その行動はキャディーを共用しているプレーヤーたちのうち、球が関連しているプレーヤーのためにとったものとして扱われる。

- キャディーを共用しているプレーヤーたちの誰もそのキャディーの行動に特定の指示を出しておらず、そしてプレーヤーの誰の球も関連していない場合、そのキャディーを共用しているすべてのプレーヤーが罰を受ける。

規則25.2, 規則25.4, 規則25.5 (特定の障害を持つプレーヤーは補助員から援助を受けることができる)を参照。

委員会の措置、セクション8；ローカルルールひな型H-1(委員会はキャディーの使用を禁止する、または要求するローカルルール、あるいはプレーヤーがキャディーを選択することを制限するローカルルールを採用することができる)参照。

規則10.3aの違反の罰：

- プレーヤーがホールのプレー中のどこかの時点で複数のキャディーから援助を受けた場合、その各ホールに対して**一般の罰**を受ける。

- 違反がホールとホールの間に起きた場合、プレーヤーは次のホールに対して**一般の罰**を受ける。または違反がホールとホールの間まで継続した場合、プレーヤーは次のホールに対しても**一般の罰**を受ける。

10.3b　キャディーができること

次はキャディーに認められる行動、認められない行動の事例である：

(1) **常に認められる行動**。規則に基づいて認められる場合、キャディーは常に次の行動をとることができる：

- プレーヤーのクラブや他の**用具**を持って行く、運ぶ、扱うこと(乗用カートの運転や手引きカートを引くことを含む)。

- プレーヤーの球を捜索すること(規則7.1)。

- ストロークを行う前に情報、**アドバイス**、その他の援助を与えること(規則10.2aと規則10.2b)。

- **バンカー**をならす、または**コース**を保護するために他の行動をとること(規則8.2例外、規則8.3例外、規則12.2b(2)(3))。

- **パッティンググリーン**で砂やバラバラの土を取り除くことや、損傷を修理すること(規則13.1c)。

- **旗竿**を取り除くこと、付き添うこと(規則13.2b)。

- プレーヤーが規則に基づいて救済を受けると結論づける(行動や発言などから)ことが合理的であるときにプレーヤーの球を拾い上げる(規則14.1b)。

- **パッティンググリーン**のプレーヤーの球の箇所を**マーク**して、その球を拾い上げて、**リプレース**すること(規則14.1b例外と規則14.2b)。

- プレーヤーの球をふくこと(規則14.1c)。

- **ルースインペディメント**や**動かせる障害物**を取り除くこと(規則15.1と規則15.2)。

(2) **プレーヤーの承認がある場合にのみ認められる行動**。規則がプレーヤーにそうすることを認めており、プレーヤーの承認(**ラウンド**に対して全般的に与えるものではなく、その都度具体的に与えなければならない)がある場合にのみ、キャディーは次の行動をとることができる：

- プレーヤーの球が止まった後に悪化した状態を復元すること(規則8.1d)。

- プレーヤーの球が**パッティンググリーン**以外の場所にある場合、**リプレース**を求める規則に基づいて、そのプレーヤーの球を拾い上げること(規則14.1b)。

(3) **認められない行動**。キャディーがプレーヤーのために次の行動をとることは

認められない：

- 次の**ストローク**、ホール、そのマッチを**相手**にコンシードをしたり、マッチのスコアに関して**相手**に同意すること(規則3.2)。

- 球を**リプレース**すること。ただし、**キャディー**が球を拾い上げていた、または動かしていた場合を除く(規則14.2b)。

- 救済を受ける際に球を**ドロップ**、または**プレース**すること(規則14.3)。

- 規則に基づいて救済を受ける決定をすること(例えば、規則19に基づいて球をアンプレヤブルとして扱うこと、または規則16.1や規則17に基づいて**異常なコース状態**や**ペナルティーエリア**からの救済を受けること)；**キャディー**はプレーヤーにそうすることを**アドバイス**はできるが、プレーヤーが決定をしなければならない。

10.3c　キャディーの行動と規則違反に対するプレーヤーの責任

プレーヤーは**ラウンド**中と規則5.7aに基づく**プレー**の中断中の両方で**キャディー**の行動に対して責任があるが、**ラウンド**の前と後ではその責任はない。

キャディーの行動が規則に違反する、またはプレーヤーがその行動をとっていたとしたら規則に違反する行動を**キャディー**がとった場合、そのプレーヤーはその規則に基づいて罰を受ける。

プレーヤーが特定の事実に気づいていたかどうかによって規則の適用を決める場合、そのプレーヤーの認識にはプレーヤーの**キャディー**が知っていることすべてが含まれているものとして扱われる。

規則 **11** 動いている球が偶然に人、動物、物に当たる；動いている球に影響を及ぼす故意の行動

規則の目的：

規則11は動いているプレーヤーの球が人、動物、用具、その他コース上の物に当たった場合に行うことを扱っている。この当たったことが偶然に起きた場合、罰はなく、プレーヤーは通常、その結果が良くても悪くてもそれを受け入れなければならず、その球が止まった所からプレーしなければならない。規則11はまた、動いている球が止まる可能性のある場所に影響を及ぼす行動を故意にとることを制限している。

この規則は**インプレー**の球が動いている場合(**ストローク**後であるかどうかにかかわらず)はいつでも適用する。ただし、球が**救済エリア**に**ドロップ**されてまだ止まっていない場合については規則14.3で扱う。

11.1 動いている球が偶然に人や外的影響に当たる

11.1a どのプレーヤーにも罰はない

動いているプレーヤーの球が偶然に人(プレーヤーを含む)や**外的影響**に当たった場合：

- どのプレーヤーにも罰はない。

- このことは、球がプレーヤー、**相手**、他のプレーヤー、またはその**キャディー**や**用具**に当たった場合でも同じである。

例外－ストロークプレーで、パッティンググリーンでプレーされた球：プレーヤーの動いている球が**パッティンググリーン**に止まっている別の球に当たり、その**ストローク**の前にその両方の球が**パッティンググリーン**にあった場合は、プレーヤーは一般の罰(2罰打)を受ける。

11.1b 球をプレーしなければならない場所

(1) **球がパッティンググリーン以外の場所からプレーされた場合。パッティング**グリーン以外の場所からプレーされて動いているプレーヤーの球が偶然に人(そのプレーヤーを含む)や**外的影響**(用具を含む)に当たった場合、その球を通常あるがままにプレーしなければならない。しかし、その球が人、**動物**、動いている**外的影響**の上に止まった場合、そのプレーヤーはその球をあるがままにプレーしてはならず、代わりに次の救済を受けなければならない。

- 球が、**パッティンググリーン**以外の場所にいる人、**動物**、動いている**外的影響**の上に止まった場合： プレーヤーは元の球か別の球を次の**救済エリア**にドロップしなければならない (規則 14.3 参照)：

  » 基点：その球が人、**動物**、動いている**外的影響**の上に最初に止まっていた場所の真下と推定する地点。

  » 基点から計測する**救済エリア**のサイズ：1 クラブレングス。しかし、次の制限がある：

  » **救済エリアの場所に関する制限：**

    - 基点と同じ**コースエリア**でなければならない。

    - 基点よりホールに近づいてはならない。

- 球が、**パッティンググリーン**にいる人、**動物**、動いている**外的影響**の上に止まった場合。 プレーヤーはその球が人、**動物**、動いている**外的影響**の上に最初に止まっていた場所の真下と推定する箇所に、規則 14.2b(2) と規則 14.2e に基づいて球を**リプレース**する手続きにより、元の球か別の球をプレースしなければならない。

規則11.1b(1)に違反して誤所からプレーしたことに対する罰：規則14.7に基づく一般の罰。

(2) **球がパッティンググリーンからプレーされた場合。** パッティンググリーンからプレーされて動いているプレーヤーの球が偶然にそのプレーヤーまたは**外的影響**に当たった場合、その球は通常はあるがままにプレーしなければならない。しかし、動いているその球が**パッティンググリーン**の次のどれかに当たったことが分かっているか、事実上確実な場合、プレーヤーは元の球か別の球を**ストローク**を行った場所からプレーすることによって、その**ストローク**を再プレーしなければならない(規則14.6参照)。

- 次の人以外の人：

  » そのプレーヤー。

  » 旗竿に付き添っている人(これはこの規則ではなく、規則13.2b(2)で扱う)。

- 次の物以外の**動かせる障害物**：

  » その**ストローク**を行うために使用しているクラブ。

  » **ボールマーカー**。

  » 止まっている球(**ストローク**プレーで罰を適用するかどうかについては

規則11.1a参照)。

> » **旗竿**(この規則ではなく、規則13.2b(2)で扱う)。

- **ルースインペディメント**として定義されている物(昆虫など)以外の**動物**。

プレーヤーがその**ストローク**を再プレーしたが、**誤所**からプレーした場合、そのプレーヤーは規則14.7に基づいて**一般の罰**を受ける。

プレーヤーがその**ストローク**を再プレーしなかった場合、そのプレーヤーは一般の罰を受け、その**ストローク**をカウントするが、そのプレーヤーは**誤所**からプレーしたことにはならない。

規則25.4k(移動補助器具を使用するプレーヤーについては、その機器に当たった球はあるがままにプレーするように規則11.1b(2)は修正される。

11.2 動いている球の方向を人が故意に変える、または止める

11.2a 規則11.2を適用する場合

この規則は次の場合に人がプレーヤーの動いている球の方向を故意に変えた、あるいは止めたことが「**分かっている、または事実上確実**」な場合にだけ適用する:

- 人が動いている球に故意に触れる。

- 動いている球が、プレーヤーがその動いている球の方向を変えたり、止めたりするように故意に特定の場所に配置したり、またはそのままにしておいた**用具**や他の物(ただし、その球がプレーされる、または別の方法で動き出す前からその場所にあった**ボールマーカー**や他の球を除く)や人(例えば、そのプレーヤーの**キャディー**)に当たる。

例外-マッチプレーで、ホールに入る合理的な可能性がない球の方向を故意に変えたり、止める:

相手の動いている球が**ホールに入る**合理的な可能性がない場合で、コンシードされることになるその球、またはホールをタイにするためには**ホールに入る**必要があるその球の方向を故意に変えたり止めたときは、この規則ではなく規則3.2a(1)か規則3.2b(1)で扱う。

球や**ボールマーカー**がプレーの援助や妨げになるとプレーヤーが合理的に考える場合に、**ストローク**を行う前にその球や**ボールマーカー**を拾い上げるプレーヤーの権利については規則15.3を参照。

11.2b 罰をプレーヤーに適用する場合

- プレーヤーが動いている球の方向を故意に変えたり、止めた場合、そのプレーヤーは一般の罰を受ける。

- このことは、その球がプレーヤー自身の球であろうと、**相手**により、または**ストロークプレー**の別のプレーヤーによりプレーされた球であろうと、同じである。

例外―水の中で動いている球：プレーヤーが一時的な水の中や、ペナルティーエリアの水の中で動いているそのプレーヤーの球を規則16.1や17に基づいて救済を受けるために拾い上げた場合、罰はない(規則10.1d例外3参照)。

規則22.2(フォアサムでは、パートナーはいずれもそのサイドのために行動することができ、そのパートナーの行動はそのプレーヤーの行動として扱われる)；規則23.5(フォアボールでは、パートナーはいずれもそのサイドのために行動することができ、プレーヤーの球や用具に関係するパートナーの行動はプレーヤーの行動として扱われる)参照。

11.2c 方向を故意に変えたり、止めた球をプレーしなければならない場所

プレーヤーの動いている球の方向を人が故意に変えたり、止めたことが「**分かっている、または事実上確実**」な場合(球が見つかっているかどうかにかかわらず)、その球はあるがままにプレーしてはならない。その代わり、そのプレーヤーは次の救済を受けなければならない：

(1) **パッティンググリーン以外の場所から行ったストローク。**その球の方向が変えられたり、止められていなければ、その球が止まっていたと推定する箇所に基づいてプレーヤーは救済を受けなければならない：

- 球がパッティンググリーン以外のコース上に止まっていたと推定する場合。プレーヤーは元の球か別の球を次の救済エリアにドロップしなければならない(規則14.3参照)：

   » 基点：球が止まっていたと推定する箇所。

   » 基点から計測する**救済エリアのサイズ**：1クラブレングス。しかし、次の制限がある：

   » 救済エリアの場所に関する制限：

   - その基点と同じコースエリアでなければならない。

   - その基点よりホールに近づいてはならない。

   例外―ペナルティーエリアに止まったと推定された球：球の推定した箇

101

所がペナルティーエリアである場合、プレーヤーはこの規則に基づいて救済を受けることは要求されず、代わりに、プレーヤーは球がそのペナルティーエリアの縁を最後に横切ったと推定した箇所に基づいて規則17.1dのペナルティーエリアからの救済を直接受けることができる。

- 球が**パッティンググリーン**に止まっていたと推定する場合。プレーヤーは元の球か別の球をその球が止まっていたと推定する地点に規則14.2b(2)と規則14.2eに基づいて球を**リプレース**する手続きによりプレースしなければならない。

- 球が**アウトオブバウンズ**に止まっていたと推定する場合。プレーヤーは規則18.2に基づく**ストロークと距離**の救済を受けなければならない。

規則11.2c(1)に違反して誤所からプレーしたことに対する罰：規則14.7aに基づく一般の罰。

(2) **パッティンググリーンから行ったストローク。**プレーヤーは元の球か別の球をその**ストローク**が行われた箇所からプレーすることによって、その**ストローク**を再プレーしなければならない(規則14.6参照)。

プレーヤーがその**ストローク**を再プレーしたが**誤所**からプレーした場合、そのプレーヤーは規則14.7に基づいて**一般の罰**を受ける。

プレーヤーがその**ストローク**を再プレーしなかった場合、そのプレーヤーは**一般の罰**を受け、その**ストローク**をカウントするが、そのプレーヤーは**誤所**からプレーしたことにはならない。

11.3 動いている球に影響を及ぼすために故意に物を取り除いたり、または状態を変える

球が動いている場合、プレーヤーはその球(プレーヤー自身の球か別のプレーヤーの球であるかにかかわらず)が止まる可能性のある場所に影響を及ぼす目的で、次のことを故意に行ってはならない：

- 規則8.1aに規定されている行動をとることにより物理的状態を変える(例えば、ディボットを戻す、または盛り上がった芝の区域を押さえつける)。

- 次のものを拾い上げる、または取り除く：

  » **ルースインペディメント**(規則15.1a例外2参照)。

  » **動かせる障害物**(規則15.2a例外2参照)。

その行動が球の止まる場所に影響を及ぼさなかったとしても、プレーヤーはその

故意の行動をしたことに対して罰を受ける。

例外−旗竿、パッティンググリーンに止まっている球、プレーヤーの用具を動かすこと：この規則はプレーヤーが次のものを拾い上げたり、動かすことを禁止していない：

- 取り除いた**旗竿**。

- パッティンググリーンに止まっている球(罰が適用となるかどうかは規則9.4、規則9.5、規則14.1参照)。

- すべてのプレーヤーの**用具**(パッティンググリーン以外の場所に止まっている球や**コース**上の**ボールマーカー**を除く)。

球が動いている間に**ホール**から**旗竿**を取り除くこと(付き添うことを含む)は、この規則ではなく、規則13.2で扱う。

規則11.3に違反して禁止されている行動をとったことに対する罰：一般の罰。

規則22.2(フォアサムでは、パートナーはいずれもそのサイドのために行動することができ、そのパートナーの行動はそのプレーヤーの行動として扱われる)；規則23.5(フォアボールでは、パートナーはいずれもそのサイドのために行動することができ、プレーヤーの球や用具に関係するパートナーの行動はプレーヤーの行動として扱われる)参照。

IV

バンカーとパッティング
グリーンのための特別規則
規則12〜13

規則 12 バンカー

規則の目的：

規則12はバンカーのための特別規則である。バンカーは砂地から球をプレーするプレーヤーの能力をテストするために特別に作られた区域である。プレーヤーがこの挑戦に立ち向かうことを確実にするため、ストロークを行う前に砂に触れることや、バンカーの球に対して受けることができる救済の場所に関していくつかの制限がある。

図12.1：球がバンカー内にある場合

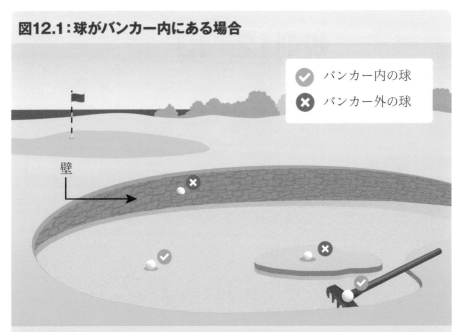

バンカー内の球
バンカー外の球

壁

バンカーの定義と規則12.1に従って、この図は球がバンカー内にある場合と外にある場合の例を説明している。

12.1　球がバンカー内にある場合

次の場合、その球はバンカー内にある：

- 球の一部がそのバンカーの縁の内側の地面の砂に触れている。

- 球の一部がバンカーの縁の内側にあって次の場合：

  » 通常は砂があった(例えば、砂が風や水により飛ばされた、流された)地面の上に止まっている。

  » バンカーの砂に触れている、または通常は砂があった地面の上にあるルースインペディメント、動かせる障害物、異常なコース状態、不可分な物の中や上に止まっている。

球がバンカーの縁の内側にある土、草、その他の生長または付着している自然物の上にあるが、砂には触れていない場合、その球はバンカーの球ではない。

球の一部がバンカーと別のコースエリアの両方にある場合は規則2.2c参照。

12.2　バンカー内の球をプレーすること

この規則はラウンド中と規則5.7aに基づくプレーの中断中の両方に適用する。

12.2a　ルースインペディメントと動かせる障害物を取り除くこと

バンカー内の球をプレーする前に、プレーヤーは規則15.1に基づいてルースインペディメントを、そして規則15.2に基づいて動かせる障害物を取り除くことができる。

これには、そうしている間にそのバンカーの砂に合理的に触れること、またはその砂を動かすことも含まれる。

12.2b　バンカーの砂に触れることに関する制限

(1) 砂に触れた結果、罰を受ける場合。バンカー内の球に対してストロークを行う前に、プレーヤーは次のことをしてはならない：

- 砂の状態をテストしたり、次のストロークについての情報を得るために手、クラブ、レーキ、その他の物でそのバンカーの砂に故意に触れること。

- 次のときにクラブでそのバンカーの砂に触れること：

  » 球の直前、直後の区域(ただし、球をフェアに捜すときに規則7.1aに基づいて認められる場合、または規則12.2aに基づいてルースインペディ

メントや**動かせる障害物**を取り除く場合を除く)に触れるとき。

» 練習スイングを行うとき。

» **ストローク**のためにバックスイングを行うとき。

規則25.2f (盲目のプレーヤーのための規則12.2b(1)の修正); 規則25.4l (移動補助具を使うプレーヤーのための規則12.2b(1)の適用)参照。

(2) <u>砂に触れた結果、罰を受けない場合</u>。ただし、(1)で扱われている場合を除き、この規則はプレーヤーがどのような方法でもその**バンカー**の砂に触れることを禁止していない。例えば：

- 練習スイングや、その**ストローク**のための**スタンス**をとるために足を潜り込ませること。

- **コース**の保護のために**バンカー**をならすこと。

- クラブ、**用具**、その他の物を**バンカー**に置くこと(投げる、または置くことによってのいずれの場合でも)。

- 規則に基づいて、計測すること、**マーク**すること、拾い上げること、**リプレース**すること、他の行動をとること。

- 休むため、バランスを保つため、転ぶのを防ぐためにクラブに寄りかかること。

- イライラして、または怒って砂を叩くこと。

しかし、その砂に触れるプレーヤーの行動が規則8.1aに違反して**ストロークに影響を及ぼす状態**を改善した場合、そのプレーヤーは一般の罰を受ける(プレーに影響を及ぼす他の物理的な状態を**改善**する、悪化させることに関する制限については規則8.2と規則8.3を参照のこと)。

(3) <u>一旦、球をバンカーから出した後は制限がなくなる</u>。バンカー内の球をプレーした後にその球がその**バンカー**の外にある場合、または、プレーヤーが**バンカー**の外で救済を受けた、あるいは救済を受ける意図があった場合、プレーヤーは次のことができる：

- 規則12.2b(1)に基づく罰を受けずにその**バンカー**の砂に触れること。

- 規則8.1aに基づく罰を受けずに**コース**を保護するために**バンカー**の砂をならすこと。

このことは、その球がその**バンカー**の外に止まっていて、次の場合であっても同じである：

- プレーヤーがバンカーに球を**ドロップ**する**こ**とにより**ストロークと距離**の救済をとることを規則が要求している、または認めている場合。

- そのバンカーの砂が、プレーヤーがバンカーの外から次の**ストローク**をするときのプレーの**線**上となる場合。

しかし、バンカーからプレーされた球がそのバンカーに戻ってきた場合、またはそのバンカーに球を**ドロップ**する救済を受けた場合、あるいは、そのプレーヤーがバンカーの外で救済を受けないことにした場合、規則12.2b(1)と規則8.1aの制限は再びそのバンカー内のその**インプレー**の球に適用する。

規則12.2の違反の罰：一般の罰。

12.3　バンカー内の球の救済についての特別規則

球がバンカー内にある場合、特別な救済規則を次の状況に適用することができる：

- **異常なコース状態**による障害(規則16.1c)。

- 危険な**動物**の状態による障害(規則16.2)。

- アンプレヤブルの球(規則19.3)。

規則 13 パッティンググリーン

規則の目的：

規則13はパッティンググリーンのための特別規則である。パッティンググリーンは球を地面の上で転がしてプレーするために特別に作られており、各パッティンググリーンのホールには旗竿がある。したがって、他のコースエリアとは違った特定の規則が適用となる。

13.1 パッティンググリーン上で認められる、または要求される行動

規則の目的：

この規則はプレーヤーがパッティンググリーン以外の場所では通常認められていないことをパッティンググリーン上ではすることを認めている。例えば、球をマークして、拾い上げ、ふいてリプレースすることを認めているし、パッティンググリーン上の損傷を修理したり、砂やバラバラの土を取り除くことを認めている。またパッティンググリーン上で球やボールマーカーを偶然に動かす原因となったことに対して罰はない。

13.1a 球がパッティンググリーン上にある場合

次の場合、球はパッティンググリーン上にある：

- 球の一部がパッティンググリーンに触れている。

- 球の一部がパッティンググリーンの縁の内側にあって物(例えば、ルースインペディメントや障害物)の上や中にある。

球の一部がパッティンググリーン上と他のコースエリアの両方にある場合は、規則2.2c参照。

13.1b パッティンググリーン上の球をマークする、拾い上げる、ふくこと

パッティンググリーン上の球は拾い上げて、ふくことができる(規則14.1参照)。

球の箇所は球を拾い上げる前にマークしなければならず(規則14.1参照)、そしてその球は元の箇所にリプレースしなければならない(規則14.2参照)。

13.1c　パッティンググリーン上で認められる改善

ラウンド中や、規則5.7aに基づくプレーの中断中は、球がパッティンググリーン上にあるかどうかにかかわらず、プレーヤーはパッティンググリーン上で次の2つの行動をとることができる:

(1) <u>砂やバラバラの土を取り除くこと</u>。パッティンググリーン上の砂とバラバラの土は罰なしに取り除くことができる。

(2) <u>損傷の修理</u>。プレーヤーはできるだけ元の状態にパッティンググリーンを復元するための合理的な行動をとることによって罰なしにパッティンググリーン上の損傷を修理することができる。しかし、次の要件を満たす場合に限る:

・ 手、足、他の体の一部、または通常のボールマーク修理器具、ティー、クラブ、通常の**用具**の中で類似するものによって修理する。

・ 不当にプレーを遅らせることなく修理する(規則5.6a参照)。

しかし、プレーヤーが**パッティンググリーン**を元の状態に復元するために合理的な範囲を超える行動(例えば、**ホール**への道を作る、または認められない物を使用する)をとることによって**パッティンググリーン**を改善した場合、そのプレーヤーは規則8.1aの違反に対して一般の罰を受ける。

「パッティンググリーン上の損傷」は人(そのプレーヤーを含む)や**外的影響**によって生じるあらゆる損傷を意味する。例えば:

・ ボールマーク、靴による損傷(例えば、スパイクマーク)、そして**用具**や**旗竿**が原因となる擦り傷や窪み。

・ 古い**ホール**の埋め跡、芝の張り替え跡、張芝の継ぎ目、メンテナンス器具や車両による擦り傷や窪み。

・ **動物**の足跡、蹄の窪み。

・ くい込んでいる物(例えば、石、どんぐり、ひょう、**ティー**)や、それらによる窪み。

しかし、「パッティンググリーン上の損傷」には次の結果として生じる損傷や状態は含まれない:

・ パッティンググリーン全体の状態を管理するための通常の作業(エアレーションの穴、バーチカル・モゥイングによる溝)。

・ 散水、雨、その他**自然の力**。

・ 自然な表面の欠陥(例えば、雑草、地肌が露出した区域、病気または生長

がまばらな区域)。

- ホールの自然な摩耗。

13.1d 球やボールマーカーがパッティンググリーン上で動いた場合

球やボールマーカーがパッティンググリーン上で動いたことに対して2つの特別な規則がある。

(1) **偶然に球を動かす原因となったことに対する罰はない。** プレーヤー、相手、またはストロークプレーの別のプレーヤーがそのプレーヤーのパッティンググリーン上の球やボールマーカーを偶然に**動かした**場合、罰はない。

  プレーヤーは:

- 球を元の箇所に**リプレース**しなければならない(分からない場合は推定しなければならない)(規則14.2参照)。

- 球が元あった箇所を**マーク**するためにボールマーカーを置かなければならない。

  例外－バックスイングやストロークをしている間に球が動き始め、そしてストロークを行った場合、その球はあるがままにプレーしなければならない(規則9.1b参照)。

  プレーヤーや相手がパッティンググリーン上のプレーヤーの球やボールマーカーを故意に拾い上げた場合に罰があるかどうかについては規則9.4、または規則9.5参照。

(2) **自然の力が動かした球をリプレースする場合。** 自然の力がパッティンググリーン上のプレーヤーの球を**動かす**原因となった場合、そのプレーヤーが次にプレーしなければならない場所は、その球を(自然の力で動かされる前に)すでに拾い上げてからパッティンググリーンに**リプレース**していたかどうかによる(規則14.1参照):

- すでに拾い上げてから**リプレース**していた球。プレーヤー、**相手**または**外的影響**ではなく、**自然の力**が球を**動かした**としても、その球は動かされた元の箇所(分からない場合は推定しなければならない)(規則14.2参照)に**リプレース**しなければならない(規則9.3例外参照)。

- まだ拾い上げておらず、**リプレース**していない球。その球は新しい箇所からプレーしなければならない(規則9.3参照)。

規則13.1dに違反して誤所からプレーしたことに対する罰:規則14.7aに基づく一般の罰。

13.1e　故意にグリーンをテストしてはならない

ラウンド中、または規則5.7aに基づくプレーの中断中に、プレーヤーはパッティンググリーンや目的外グリーンをテストするために次のいずれかの行動を故意に行ってはならない。

・ 表面をこする。

・ 球を転がす。

例外－ホールとホールの間でグリーンをテストすること：ホールとホールの間では、プレーヤーは終了したばかりのホールのパッティンググリーン上や、練習パッティンググリーン上で、その表面をこすったり、球を転がすことができる(規則5.5b参照)。

規則13.1eに違反してパッティンググリーン、または目的外グリーンをテストしたことに対する罰：一般の罰。

委員会の措置、セクション8；ローカルルールひな型I-2(委員会は終了したばかりのホールのパッティンググリーンで球を転がすことをプレーヤーに禁止するローカルルールを採用することができる)参照。

13.1f　目的外グリーンから救済を受けなければならない

(1) 目的外グリーンによる障害の意味。この規則に基づく障害は次の場合に存在する：

・ プレーヤーの球の一部が**目的外グリーン**に触れている場合、またはその球の一部が**目的外グリーン**の縁の内側にあって、物(例えば、**ルースインペディメント**や**障害物**)の上や中にある。

・ **目的外グリーン**がプレーヤーの意図する**スタンス**や意図するスイング区域の物理的な障害となる場合。

(2) 救済を受けなければならない。目的外グリーンによる障害がある場合、プレーヤーはその球をあるがままにプレーしてはならない。

その代わりに、そのプレーヤーは元の球か別の球を次の**救済エリア**にドロップして罰なしの救済を受けなければならない(規則14.3参照)：

・ 基点：元の球が止まっていたのと同じ**コースエリア**の完全な救済のニヤレストポイント。

・ 基点から計測する**救済エリア**のサイズ：1**クラブレングス**。しかし、次の制限がある：

- 救済エリアの場所に関する制限：

    » 基点と同じ**コースエリア**でなければならない。

    » 基点より**ホール**に近づいてはならない。

    » **目的外グリーン**によるすべての障害から完全な救済を受けなければならない。

(3) **明らかに不合理な場合、救済はない**。そのプレーヤーがその状況下では明らかに不合理なクラブ、**スタンス**やスイングの種類、プレーの方向を選択する場合にのみ障害が存在する場合、規則13.1fに基づく救済はない。

規則13.1fに違反して誤所から球をプレーしたことに対する罰：規則14.7aに基づく一般の罰。

委員会の措置、セクション8；ローカルルールひな型D-3(委員会は意図するスタンス区域が障害となるだけでは**目的外グリーン**からの救済を認めないローカルルールを採用することができる)参照。

図13.1f：目的外グリーンからの罰なしの救済

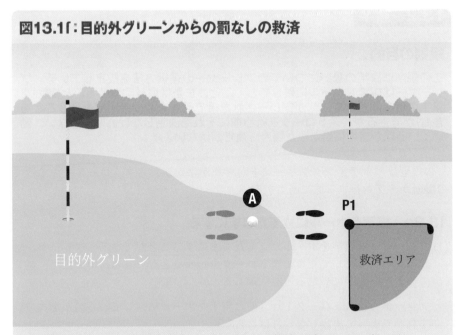

- 目的外グリーンによる障害がある場合、罰なしの救済を受けなければならない。
- 図は右打ちのプレーヤーを想定している。
- 球Aは目的外グリーンにあり、球Aの完全な救済のニヤレストポイントはP1となり、元の球が止まった同じコースエリアでなければならない(この場合、ジェネラルエリア)。
- 救済エリアは基点から1クラブレングスで、その基点よりホールに近づかず、基点(P1)と同じコースエリアでなければならない。

13.2 旗竿

規則の目的：

この規則は旗竿の扱いについてのプレーヤーの選択方法を規定している。プレーヤーは旗竿をホールに残しておくこと、または取り除かせること(誰かを旗竿に付き添わせて、球がプレーされた後でそれを取り除いてもらうことを含む)ができるが、ストロークを行う前にそれを決定しなければならない。動いている球が旗竿に当たった場合、通常罰はない。

この規則はパッティンググリーン上かどうかにかかわらず、コース上のすべての場所からプレーする球に適用する。

13.2a 旗竿をホールに立てたままにする

(1) **プレーヤーは旗竿をホールに立てたままにすることができる**。プレーヤーは旗竿をホールに立てたままストロークを行うことができる。そのため、動いている球が旗竿に当たる可能性がある。

プレーヤーはストロークを行う前に旗竿をホールに残しておくのかを次のいずれかによって決定しなければならない：

- 旗竿をホールの中にある位置のままに残しておく、または旗竿がホールの中心に立つように差し直して残しておく。
- 取り除いた旗竿をホールの中に戻すこと。

いずれの場合であっても：

- プレーヤーは旗竿をホールの中心以外の位置に故意に動かして利益を得ようとしてはならない。
- プレーヤーがそうした後、そのプレーヤーの動いている球がその旗竿に当たった場合、プレーヤーは一般の罰を受ける。

(2) **球がホールに残してある旗竿に当たっても罰はない**。プレーヤーが旗竿をホールに残したままストロークを行い、その後でその動いている球がその旗竿に当たった場合：

- 罰はない(ただし、(1)に規定されている場合を除く)。
- 球はあるがままにプレーしなければならない。

(3) **球が動いている間にプレーヤーがホールにある旗竿を動かす、または取り除くことに関する制限**。旗竿をホールの中に残しておいてストロークを行った後で：

- プレーヤーとそのキャディーは、プレーヤーの動いている球が止まるかもしれない場所に影響を及ぼすように旗竿を故意に動かしたり、取り除いてはならない(例えば、その球がその旗竿に当たらないようにするため)。もしそうした場合、そのプレーヤーは一般の罰を受ける。

- しかし、それ以外の理由、例えば、動いている球は止まる前にその旗竿に当たらないと合理的に考えた場合、プレーヤーがホールにある旗竿を動かさせたり、取り除かせたりしても罰はない。

(4) **プレーヤーが旗竿をホールに残すことを決定した場合に、他のプレーヤーがその旗竿を動かす、または取り除くことに関する制限。** プレーヤーがホールに旗竿を残すことにし、その旗竿に誰かが付き添うことを承認していない場合(規則 13.2b(1) 参照)、別のプレーヤーはそのプレーヤーの動いている球が止まるかもしれない場所に影響を及ぼすために旗竿を故意に動かしたり、取り除いたりしてはならない。

- プレーヤーがストロークをする前や、ストロークをしている間に別のプレーヤーやそのキャディーが旗竿を動かし(または取り除き)、そのプレーヤーがそれに気づかずにそのストロークをした場合、またはストローク後にそのプレーヤーの球が動いている間に別のプレーヤーやそのキャディーが旗竿を動かした(または取り除いた)場合、その別のプレーヤーは一般の罰を受ける。

- しかし、その別のプレーヤー、またはそのキャディーが次のような他の理由によりその旗竿を動かしたり、取り除いたりした場合、罰はない:

  » そのプレーヤーの動いている球は止まる前にその旗竿に当たらないと合理的に考えた場合。

  » そのプレーヤーがプレーするところであったことや、そのプレーヤーの球が動いていることに気づかなかった場合。

規則22.2(フォアサムでは、パートナーはいずれもそのサイドのために行動することができ、そのパートナーの行動はそのプレーヤーの行動として扱われる);規則23.5(フォアボールでは、パートナーはいずれもそのサイドのために行動することができ、プレーヤーの球や用具に関係するパートナーの行動はプレーヤーの行動として扱われる)参照。

13.2b 旗竿をホールから取り除くこと

(1) **プレーヤーは旗竿をホールから取り除いてもらうことができる。** プレーヤーは、動いている自分の球がホールにある旗竿に当たらないようにその旗竿をホールから取り除いてストロークをすることができる。

次のいずれかによりプレーヤーは**旗竿**を取り除くのかをその**ストローク**を行う前に決定しなければならない:

- 球をプレーする前に**旗竿**を**ホール**から取り除いてもらうこと。

- 次のことをするつもりで、**旗竿**に付き添うことを承認すること:

  » プレーヤーに**ホール**の場所を示すためにその**ストローク**の前に**ホール**の中、上方、または近くで**旗竿**を持つこと。

  » **ストローク**中、または**ストローク**が行われた後に**旗竿**を取り除くこと。

次の場合、プレーヤーは**旗竿**に付き添うことを承認したものとして扱われる:

- プレーヤーが**ストローク**を行ったときにそのプレーヤーの**キャディー**が**ホール**の中、上方、または近くで**旗竿**を持っている、または**ホール**のすぐ近くに立っている(**キャディー**がそうしていることをプレーヤーが気づかなかったとしても)。

- プレーヤーが他の人に**旗竿**に付き添うことを頼み、その人が付き添う。

- 他の人が**ホール**の中、上方、または近くで**旗竿**を持っている、または**ホール**のすぐ近くに立っていることを分かった上で、そのプレーヤーがその人に**旗竿**から離れるか、**旗竿**を**ホール**に立てたままにするように頼まずにその**ストローク**を行った。

(2) **球が旗竿や旗竿に付き添っている人に当たった場合にすること。** プレーヤーの動いている球がそのプレーヤーが (1) に基づいて取り除くことを決定した**旗竿**に当たった、またはその**旗竿**に付き添っている人 (またはその人が持っている物) に当たった場合にどうなるのかについては、それが偶然なのか、故意なのかによる:

- **球が偶然に旗竿や、旗竿を取り除いた、または付き添っている人に当たる。** プレーヤーの動いている球が**旗竿**や、その**旗竿**を取り除いた、または付き添っている人 (またはその人が持っている物) に偶然当たった場合、罰はなく、その球はあるがままにプレーしなければならない。

- **旗竿に付き添っている人が方向を故意に変えたり、止めた球。旗竿**に付き添っている人がプレーヤーの動いている球の方向を故意に変えた、止めた場合、規則 11.2c を適用する:

  » 球をプレーする場所。プレーヤーはその球をあるがままにプレーしてはならず、その代わりに規則 11.2c に基づく救済を受けなければならない。

» 罰を適用する場合。その球の方向を故意に変えたり、止めた人がプレーヤー、またはそのキャディーであった場合、そのプレーヤーは規則11.2の違反に対して一般の罰を受ける。

この規則に関して、「方向を故意に変えた、止めた」は規則11.2aと同じことを意味し、プレーヤーの動いている球が次のものに当たった場合を含む：

- 球の方向を変える、止める可能性のある地面の特定の場所に故意に置いたり、残してある取り除いた旗竿。

- 付き添っている人が故意にホールから取り除かない旗竿、または球の邪魔になる所から故意に動かさなかった旗竿。

- 旗竿に付き添った、または取り除いた後で、球の邪魔にならない所に故意に移動しない人(またはその人が持っている物)。

例外－動いている球に影響を及ぼす旗竿を故意に動かすことについての制限(規則11.3参照)。

規則22.2(フォアサムでは、パートナーはいずれもそのサイドのために行動することができ、そのパートナーの行動はそのプレーヤーの行動として扱われる)；規則23.5(フォアボールではいずれもそのサイドのために行動することができ、プレーヤーの球や用具に関係するパートナーの行動はプレーヤーの行動として扱われる)参照。

13.2c　ホールの中の旗竿に寄りかかって止まっている球

プレーヤーの球がホールに立てられたままの旗竿に寄りかかって止まっている場合：

- 球の一部がホールの中のパッティンググリーン面より下にある場合、球全体がその面より下になかったとしても、その球はホールに入ったものとして扱われる。

- 球の一部がホールの中のパッティンググリーン面より下にない場合：

  » 球はホールに入っておらず、あるがままにプレーしなければならない。

  » 旗竿を取り除いたときに球が動いて(その球がホールに落ちたのか、ホールから離れて動いたのかにかかわらず)も、罰はなく、その球をホールのへりにリプレースしなければならない(規則14.2参照)。

規則13.2cに違反して誤所から球をプレーしたことに対する罰：規則14.7aに基づく一般の罰。

ストロークプレーでは、規則3.3cが要求する通りにホールアウトしなかった場

合、そのプレーヤーは失格となる。

13.3 ホールにせり出している球

13.3a ホールにせり出している球がホールに落ちるのかどうかを確かめるのを待つ時間

プレーヤーの球の一部が**ホール**のへりにせり出している場合：

- プレーヤーにはその**ホール**に歩み寄るための合理的な時間に加え、その球が**ホール**に落ちるかどうかを確かめるためにさらに10秒間待つことが認められている。

- 球がこの待ち時間内に**ホール**に落ちた場合、そのプレーヤーは直前の**ストローク**で**ホール**アウトしたことになる。

- 球がこの待ち時間内に**ホール**に落ちなかった場合：

  » 球は止まったものとして扱われる。

  » その球が次のプレーの前に**ホール**に落ちた場合、そのプレーヤーは直前の**ストローク**で**ホール**アウトしたことになる。しかし、そのホールのスコアに1罰打を加える。

13.3b 待ち時間が終わる前にホールにせり出している球を拾い上げたり、動かした場合にすること

規則13.3aに基づく待ち時間が終わる前に**ホール**にせり出している球が拾い上げられたり、**自然の力**以外によって**動か**された場合、その球は止まっていたものとして扱われる：

- その球を**ホール**のへりに**リプレース**しなければならない(規則14.2参照)。

- 規則13.3aに基づく待ち時間はその球にはもはや適用しない(**リプレース**した球をその後で**自然の力**が動かした場合については規則9.3参照)。

マッチプレーの相手や、**ストロークプレー**で別のプレーヤーが待ち時間が終わる前に**ホール**にせり出しているプレーヤーの球を故意に拾い上げたり、**動か**した場合：

- **マッチプレー**では、プレーヤーの球は直前の**ストローク**で**ホール**アウトしたものとして扱われる。そしてその相手は規則11.2bに基づく罰はない。

- **ストロークプレー**では、その球を拾い上げたり、**動かし**たプレーヤーは一般の罰(2罰打)を受ける。その球は**ホール**のへりに**リプレース**しなければならない(規則14.2参照)。

V

球を拾い上げて、プレーに戻す

規則14

規則 14

球に対する処置：マークすること、拾い上げること、ふくこと；箇所にリプレースすること；救済エリアにドロップすること；誤所からプレーすること

規則の目的：

規則14はプレーヤーがいつ、どのようにして止まっている球の箇所をマークし、その球を拾い上げ、ふくことができるのか、そして球を正しい場所からプレーするために、どのような方法で球をインプレーに戻すのかを扱っている。

- 拾い上げた球や動かした球をリプレースすることになる場合、同じ球を元の箇所に置かなければならない。
- 罰なしの救済、または罰ありの救済を受ける場合、取り替えた球または元の球は特定の救済エリアにドロップしなければならない。

これらの処置を使用した際の誤りは球をプレーする前であれば、罰なしに訂正することができるが、プレーヤーが誤所からその球をプレーした場合、そのプレーヤーは罰を受ける。

14.1 球をマークすること、拾い上げること、ふくこと

この規則はプレーヤーの止まっている球を故意に「拾い上げる」ことに対して適用する。その「拾い上げる」は、手で拾い上げる、回す、またはその他の方法で球を元の箇所から故意に**動かす**原因となることを含め、どのような方法でも行うことができる。

14.1a 拾い上げてリプレースする球の箇所をマークしなければならない

元の箇所に**リプレース**することを要求する規則に基づいて球を拾い上げる前に、プレーヤーはその箇所を**マーク**しなければならない。その**マーク**の方法としては：

- ボールマーカーを球の直後や直ぐ近くに置く。
- クラブを球の直後や直ぐ近くの地面の上に留めておく。

その箇所を**ボールマーカー**でマークする場合、その球を**リプレース**した後、ストロークを行う前にプレーヤーはその**ボールマーカー**を取り除かなくてはならない。

プレーヤーがその箇所をマークせずにその球を拾い上げた場合、またはその箇所を誤った方法でマークした場合、またはその場所に**ボールマーカー**を置いたまま**ストローク**を行った場合、そのプレーヤーは1罰打を受ける。

規則に基づいて救済を受けるために球を拾い上げる場合、プレーヤーはその球を拾い上げる前にその箇所をマークする必要はない。

14.1b 球を拾い上げることができる人

規則に基づいてプレーヤーの球を拾い上げることができる人：

- プレーヤー。

- プレーヤーが承認した人。しかし、そのような承認はその**ラウンド**全般に対して与えるのではなく、球を拾い上げる前にその都度与えなければならない。

例外－キャディーは承認なしにプレーヤーの球を拾い上げることができる：次の場合、プレーヤーのキャディーはプレーヤーの承認なしにそのプレーヤーの球を拾い上げることができる。

- そのプレーヤーの球がパッティンググリーンにある。

- 行動や発言などからプレーヤーが規則に基づいて救済を受けると結論づけることが合理的な場合。

プレーヤーの**キャディー**が認められていないのに球を拾い上げた場合、そのプレーヤーは1罰打を受ける(規則9.4参照)。

規則25.2g,規則25.4a,規則25.5d(特定の障がいを持つプレーヤーのために、規則14.1bは承認なしにパッティンググリーンのそのプレーヤーの球を拾い上げることの援助を認めるように修正される)参照。

14.1c 球をふくこと

パッティンググリーンで拾い上げた球は常にふくことができる(規則13.1b参照)。

パッティンググリーン以外の場所で拾い上げた球は、次の理由により拾い上げた場合を**除き**、常にふくことができる：

- 球が切れたか、ひびが入ったかを確かめるため。ふくことは認められない(規則4.2c(1)参照)。

- 球を確認するため。確認のために必要な程度だけふくことは認められる(規則7.3参照)。

- 球がプレーの障害となるため。ふくことは認められない(規則15.3b(2)参照)。

- 球が救済を認められる状態にあるかどうかを確かめるため。プレーヤーが規則に基づいて救済を受けるのでなければ、ふくことは認められない(規則

16.4 参照)。

プレーヤーがこの規則に基づいて認められていないのに球をふいた場合、**1罰打**を受け、その球を拾い上げていた場合は**リプレース**しなければならない。

規則22.2(フォアサムでは、**パートナー**はいずれもそのサイドのために行動することができ、そのパートナーの行動はそのプレーヤーの行動として扱われる);規則23.5(フォアボールでは、パートナーはいずれもそのサイドのために行動することができ、プレーヤーの球や用具に関係するパートナーの行動はプレーヤーの行動として扱われる)参照。

14.2 球をある一点にリプレースすること

この規則は球を拾い上げたり、**動かしたり**して、その後で規則がその球をある一点に**リプレース**するすべての場合に適用する。

14.2a 元の球をリプレースしなければならない

球を**リプレース**する場合は元の球を使用しなければならない。

例外-次の場合は別の球を使用することができる:

- 回収不能の原因がプレーヤーの故意によるものではなく、数秒以内に合理的な努力により球を取り戻すことができない場合。

- 元の球が切れた、ひびが入った場合(規則4.2c参照)。

- プレーの中断後にプレーを再開する場合(規則5.7d参照)。

- 元の球が別のプレーヤーによって**誤球**としてプレーされた場合(規則6.3c(2)参照)。

14.2b 球をリプレースしなければならない人とその方法

(1) **球をリプレースしなければならない人**:プレーヤーの球は次の人によってのみ規則に基づいて**リプレース**しなければならない:

- そのプレーヤー。

- その球を拾い上げた人、またはその球を**動かす**原因となった人。

認められていない人が**リプレース**した球をプレーした場合、プレーヤーは**1罰打**を受ける。

規則25.2h,規則25.3c,規則25.4a(特定の障がいをもつプレーヤーのために、規則14.2b(1)の修正はプレーヤーが他の人にそのプレーヤーの球をプ

レースしたり、リプレースすることの一般的な許可を与えることを認める)を参照。

(2) **球をリプレースしなければならない方法**。球が要求される箇所に止まるように球を手で接地させて、手を放すことによってその球をリプレースしなければならない。

要求された箇所であっても、プレーヤーが間違った方法でリプレースした球をプレーした場合、そのプレーヤーは1罰打を受ける。

14.2c 球をリプレースする箇所

球は元の箇所に**リプレース**しなければならない(分からない場合は推定しなければならない)。ただし、規則14.2d(2)と規則14.2eに基づいて、またはそのプレーヤーが規則に基づいて救済を受けるときに、球を違う箇所に**リプレース**しなければならない場合を除く。

球が**動かせない障害物**、**不可分な物**、**境界物**、生長または付着している自然物の上、下に止まっている、または寄りかかって止まっている場合:

- その球の「箇所」にはその地面からの高さを含む。

- このことは、その球をそのような物の上、下、またはそのような物に寄りかかった元の箇所に**リプレース**しなければならないことを意味する。

球を拾い上げたり、**動かした**結果、または球を**リプレース**する前に**ルースインペディメント**が取り除かれた場合、その**ルースインペディメント**を元に戻す必要はない。

拾い上げたり、**動かした**球を**リプレース**する前に**ルースインペディメント**を取り除くことの制限については規則15.1a例外1参照。

14.2d 元のライが変えられた場合に球をリプレースする場所

拾い上げたり、**動かした**後に**リプレース**しなければならない球のライが変えられた場合、プレーヤーはその球を次の方法で**リプレース**しなければならない:

(1) <u>砂の中の球</u>。球が砂の中に止まっていた場合(バンカーの中かコース上のその他の場所かは問わない):

- その球を元の箇所(分からない場合は推定しなければならない)(規則14.2c参照)に**リプレース**する場合、プレーヤーは元のライをできるだけ復元しなければならない。

- そのライを復元する場合、その球が砂によって被われていた場合、プレー

ヤーは、球のほんの一部を見えるようにしておくことができる。

プレーヤーが正しい場所からプレーしたが、この規則に違反して**ライ**を復元しなかった場合、そのプレーヤーは**一般の罰**を受ける。

(2) **砂の中以外の場所にある球**。球が砂の中以外の場所にあった場合、プレーヤーはその球を、元の**ライ**に最も近く、最も似ていて、次の要件を満たす箇所に置くことによって**リプレース**しなければならない：

- 元の箇所(分からない場合は推定しなければならない)(規則14.2c参照)から1**クラブレングス**以内。

- **ホール**に近づかない。

- その箇所と同じ**コースエリア**。

プレーヤーが元の**ライ**が変えられたことは知っているが、そのライがどのようなものであったか分からない場合、プレーヤーは元の**ライ**を推定し、(1)または(2)に基づいてその球を**リプレース**しなければならない。

例外−プレーを中断し、球を拾い上げている間に変えられたライについては規則5.7d参照。

14.2e　球が元の箇所に止まらない場合に行うこと

プレーヤーが球を**リプレース**しようとしても、元の箇所に止まらない場合、プレーヤーは再度試さなければならない。

球が再びその箇所に止まらない場合、プレーヤーは、その球が止まる最も近い箇所にその球を置くことによって**リプレース**しなければならない。しかし、元の箇所の場所によって次の制限がある：

- その箇所は**ホール**に近づいてはならない。

- **元の箇所がジェネラルエリア**。最も近い箇所は**ジェネラルエリア**でなければならない。

- **元の箇所がバンカーかペナルティーエリア**。最も近い箇所はそれぞれ同じ**バンカー**か、同じ**ペナルティーエリア**のいずれかでなければならない。

- **元の箇所がパッティンググリーン**。最も近い箇所はその**パッティンググリーン**か、**ジェネラルエリア**のいずれかでなければならない。

規則14.2に違反して誤所から球をプレーしたことに対する罰：規則14.7aに基づく一般の罰。

規則22.2(フォアサムでは、パートナーはいずれもそのサイドのために行動する

ことができ、そのパートナーの行動はそのプレーヤーの行動として扱われる）；規則23.5（フォアボールでは、パートナーはいずれもそのサイドのために行動することができ、プレーヤーの球や用具に関係するパートナーの行動はプレーヤーの行動として扱われる）参照。

14.3　球を救済エリアにドロップすること

この規則はプレーヤーが規則に基づいて救済を受けるときに球をドロップしなければならないときは常に適用する。規則14.3c(2)に基づいて球をプレースすることによって救済を完了しなければならないときを含む。

プレーヤーが球をドロップする前、またはドロップするときに**救済エリアを改善**した場合、規則8.1参照。

14.3a　元の球か別の球を使うことができる

プレーヤーは元の球か別の球を使うことができる。

このことは、この規則に基づいてプレーヤーが球をドロップしたり、プレースする都度どんな球を使用してもよいことを意味している。

14.3b　球は正しい方法でドロップしなければならない

プレーヤーは球を正しい方法で**ドロップ**しなければならず、(1)、(2)、(3)のすべての条件を満たさなければならない：

(1) **プレーヤーが球をドロップしなければならない。ドロップ**はプレーヤー自身がしなければならない。プレーヤーの**キャディー**やその他の人は**ドロップ**することはできない。

　　規則25.2h,規則25.3c,規則25.4a(特定の障がいを持つプレーヤーのために、規則14.3b(1)の修正はプレーヤーがそのプレーヤーの球を他の人にドロップする一般的な承認を与えることができる)参照。

(2) **球は膝の高さからプレーヤーや用具に触れないように真下にドロップしなければならない。**プレーヤーは次の要件を満たすように球を膝の高さから放さなければならない：

- プレーヤーが投げたり、回転をかけたり、転がしたりせずに、または球が止まることになる場所に影響を及ぼす可能性のあるその他の動きをせずに、球が真下に落下する。

- 球が地面に落ちる前にそのプレーヤーの体や**用具**に触れない。

「膝の高さ」とは、真っすぐ立ったときのプレーヤーの膝の高さのことである。

規則25.6b(特定の障がいをもつプレーヤーに対する規則14.3b(2)の適用に関するガイダンスについて)参照。

図14.3l：膝の高さからのドロップ

認められる	認められない

球は膝の高さから真っ直ぐ落ちなければならない。「膝の高さ」はプレーヤーが立った姿勢での膝の高さを意味する。しかし、球をドロップするときにプレーヤーは立った姿勢である必要はない。

(3) **球は救済エリア(または線上)にドロップしなければならない。**球は**救済エ
リアにドロップ**しなければならない。プレーヤーはその球を**ドロップ**するとき、その**救済エリア**の中または外に立つことができる。しかし、後方線上の救済(規則 16.1c(2), 規則 17.1d(2), 規則 19.2b, 規則 19.3b 参照)を受ける場合、球をその規則で認められている区域の後方線上に**ドロップ**しなければならない。そして、その球が**ドロップ**された箇所に基づいて**救済エリア**が定められる。

(4) **間違った方法で球をドロップした場合にすること。**

上記(1)、(2)または(3)の要件のどれかに違反して球を間違った方法で**ドロップ**した場合:

- プレーヤーは正しい方法で再び**ドロップ**しなければならず、プレーヤーがそうしなければならない回数に制限はない。

- 間違った方法で**ドロップ**した球は、規則 14.3c(2)に基づいて**プレース**しなければならなくなる前に行う 2 回の**ドロップ**にはカウントしない。

プレーヤーが再び**ドロップ**をせずに、その代わりに間違った方法で**ドロップ**した球が止まった場所から**ストローク**を行った場合:

- その球を**救済エリア**からプレーした場合、プレーヤーは 1 罰打を受ける(しかし、規則 14.7a に基づく**誤所**からのプレーはしていない場合)。

- しかし、球を**救済エリア**の外からプレーした、または**ドロップ**しなければならないのに**プレース**した後にプレーした場合(どこからプレーしたかにかかわらず)、プレーヤーは**一般の罰**を受ける。

14.3c　正しい方法でドロップした球は救済エリアに止まらなければならない

この規則は、規則 14.3b に基づいて正しい方法で球を**ドロップ**した場合にだけ適用する。

(1) **球を正しい方法でドロップし、救済エリアに止まったときにプレーヤーは救済を完了したことになる。**球は**救済エリア**に止まらなければならない。

球が地面に落ちた後で止まる前に、人(そのプレーヤーを含む)、用具または他の**外的影響**に触れたかどうかに関係なく:

- 球が**救済エリア**に止まった場合、プレーヤーは救済を完了したことになり、その球をあるがままにプレーしなければならない。

- 球が**救済エリア**の外に止まった場合、プレーヤーは規則 14.3c(2)の手続き

を使用しなければならない。

いずれの場合も、正しく**ドロップ**した球が止まる前に偶然に人(そのプレーヤーを含む)、**用具**または**外的影響**に当たってもどのプレーヤーにも罰はない。

例外-正しい方法でドロップした球が止まる前に誰かによって故意に方向を変えられたり、止められた場合:ドロップした球が止まる前に誰かによって故意に方向を変えられたり、止められた場合にすることについては規則14.3d参照。

(2) **正しい方法でドロップした球が救済エリアの外に止まった場合にすること。**
球が**救済エリア**の外に止まった場合、プレーヤーは正しい方法で2回目のドロップをしなければならない。

球が再度**救済エリア**の外に止まった場合、プレーヤーは、規則14.2b(2)と規則14.2eに基づく球を**リプレース**する手続きを使用して球をプレースすることにより救済を完了しなければならない:

- プレーヤーは2回目に**ドロップ**したときにその球が最初に地面に触れた箇所に球をプレースしなければならない。

- プレースした球がその箇所に止まらない場合、プレーヤーはその箇所に2回目のプレースをしなければならない。

- 2回目にプレースした球がその箇所にまた止まらない場合、プレーヤーは規則14.2eに基づいて球が止まる最も近い箇所に球をプレースしなければならない。この場合、球をその**救済エリア**の外にプレースする結果となる可能性がある。

図#1 14.3c：球は救済エリア内にドロップし、その救済エリア内に止まらなければならない。

球は規則14.3bに基づく正しい方法でドロップされ、その球が救済エリア内に止まったので、救済処置は完了した。

球は規則14.3bに基づいて正しくドロップされたが、その球は救済エリアの外に止まった。したがって球を正しい方法で2回目のドロップしなければならない。

球は救済エリアの外に誤った方法でドロップされたので、その球を正しい方法で再びドロップしなければならない。

図#2 14.3c：後方線上の救済を受ける場合のドロップ

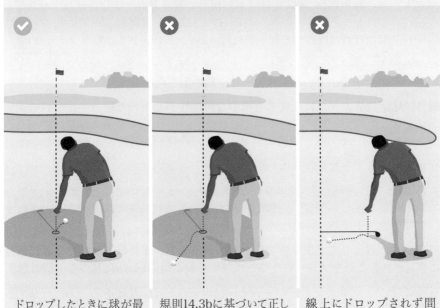

ドロップしたときに球が最初に地面に触れた線上の箇所からどの方向にも1クラブレングスが救済エリアとなる。球が規則14.3bに基づいて正しくドロップされ、その球が救済エリアの中に止まれば、その救済処置は完了する。

規則14.3bに基づいて正しくドロップされた球が救済エリアの外に止まった場合、その球は正しい方法で2回目のドロップをしなければならない。

線上にドロップされず間違った方法で球をドロップしたので、正しい方法で再度、球をドロップしなければならない。

14.3d　正しい方法でドロップした球が人によって故意に方向を変えられたり、止められた場合にすること

この規則に関して、次の場合にドロップした球が「故意に方向を変えられたり、止められた」ことになる：

- 球が地面に落ちた後に人がその動いている球に故意に触れる。

- 動いている球の方向を故意に変えたり、止めたりするようにプレーヤーが故意に特定の場所に配置したり、またはそのままにしておいた用具、その他の物、人(プレーヤーと、そのプレーヤーのキャディーを含む)に当たる。

救済エリアの中か外かにかかわらず正しい方法でドロップした球が止まる前に

人が故意に方向を変えたり、止めた場合:

- プレーヤーは規則14.3bの手続きを使用して再び**ドロップ**しなければならない(故意に方向を変えられたり、止められた球は、規則14.3c(2)に基づいてプレースしなければならなくなる前に行う2回の**ドロップ**にはカウントしない)。
- プレーヤー、またはそのプレーヤーの**キャディー**が故意に球の方向を変えたり、止めた場合、そのプレーヤーは**一般の罰**を受ける。

例外―球が救済エリアに止まる合理的な可能性がなかった場合:正しい方法で**ドロップ**した球が故意に方向を変えられたり、止められ(**救済エリア**の中か外かにかかわらず)、その球が**救済エリア**に止まる合理的な可能性がなかった場合:

- どのプレーヤーにも罰はない。
- **ドロップ**した球は**救済エリア**の外で止まったものとして扱われ、規則14.3c(2)に基づいてプレースしなければならなくなる前に行う2回の**ドロップ**にカウントする。

規則14.3に違反して誤所から球をプレーしたこと、またはドロップする代わりにプレースした球をプレーしたことに対する罰:規則14.7aに基づく**一般の罰**。

規則22.2(フォアサムでは、パートナーはいずれもそのサイドのために行動することができ、そのパートナーの行動はそのプレーヤーの行動として扱われる);規則23.5(フォアボールではいずれも、パートナーはそのサイドのために行動することができ、プレーヤーの球や用具に関係するパートナーの行動はプレーヤーの行動として扱われる)参照。

14.4 元の球がアウトオブプレーとなった後にプレーヤーの球がインプレーに戻る場合

プレーヤーの**インプレー**の球を**コース**上から拾い上げた、または球が紛失や**アウトオブバウンズ**となった場合、その球はもはや**インプレー**の球ではない。

次の場合にのみ再びプレーヤーの**インプレー**の球となる:

- プレーヤーが**ティーイングエリア**から元の球か別の球をプレーする。
- 球を**インプレー**にする意図を持って元の球か別の球を**コース**上に**リプレース**、**ドロップ**、**プレース**する。

どんな方法であれ球を**インプレー**にする意図を持って球を**コース**に戻した場合、次のときであっても、その球は**インプレー**となる:

- 規則で認められていないのに、その球を元の球に対して**取り替えた**。

- (1)誤所に、(2)間違った方法で、(3)適用しない手続きを使用して、リプレース、ドロップ、プレースした。

リプレースした球は、その箇所をマークしているボールマーカーを取り除いていなかったとしても、インプレーとなる。

14.5 球を取り替える、リプレース、ドロップ、プレースするときの誤りを訂正すること

14.5a プレーヤーは、球をプレーする前に誤りを訂正することができる

プレーヤーが規則で認められていないのに元の球を別の球に取り替えた場合、またはプレーヤーのインプレーの球を(1)間違った方法で、(2)誤所に、(3)適用しない手続きを使用して、リプレース、ドロップ、プレースした場合:

- そのプレーヤーは罰なしにその誤りを訂正することができる。

- しかし、この訂正が認められるのはその球をプレーする前だけである。

14.5b 救済を受けるときの誤りを訂正する場合にプレーヤーが違う規則や救済の選択肢に変更することができる場合

救済を受けるときの誤りを訂正する場合、プレーヤーは当初使用した同じ規則または救済の選択肢を使用しなければならないのか、あるいは違う規則や救済の選択肢に変更できるのかについては、その誤りの種類による:

(1) 適用される規則に基づいて球をインプレーにして正しい場所にドロップ、またはプレースしたが、規則が再度、球をドロップまたはプレースすることを要求する場合。

- この誤りを訂正する場合、プレーヤーは同じ規則と同じ救済の選択肢を使用して救済を受け続けなければならない。

- 例えば、アンプレヤブルの球の救済を受けるためにプレーヤーはラテラル救済の選択肢(規則19.2c)を使用し、球を正しい救済エリアにドロップしたが、(1)間違った方法でドロップしたり(規則14.3b参照)、(2)ドロップした球が救済エリアの外側に止まった場合(規則14.3c参照)、その誤りを訂正するときはそのプレーヤーは規則19.2に基づいて救済を受け続けなければならず、その同じ救済の選択肢(規則19.2cに基づくラテラル救済)を使用しなければならない。

(2) 適用される規則に基づいて球をインプレーにしたが、その球を誤所にドロップ、またはプレースした場合。

- この誤りを訂正する場合、プレーヤーは同じ規則に基づいて救済を続けなければならないが、そのプレーヤーの状況に適用できるその同じ規則に基づくあらゆる救済の選択肢を使用することができる。

- 例えば、アンプレヤブルの球の救済を受けるためにプレーヤーはラテラル救済の選択肢(規則19.2c)を使用したが、要求される**救済エリア**の外側に誤って球を**ドロップ**した場合、その誤りを訂正するときは規則19.2に基づく救済を受け続けなければならず、この規則のいずれかの救済の選択肢を使用することができる。

(3) 適用されない規則に基づいて球をインプレーにした場合。

- この誤りを訂正する場合、プレーヤーはそのプレーヤーの状況に適用となるあらゆる規則を使用することができる。

- 例えば、プレーヤーが誤って**ペナルティーエリア**の中にある球に対してアンプレヤブルの球の救済(規則19.1は認めていない)を受けた場合、プレーヤーは、もしその球を拾い上げていたのであれば規則9.4に基づいてその球を**リプレース**するか、規則17に基づく罰ありの救済を受けるか(そのプレーヤーの状況に対して適用する規則17に基づくあらゆる救済の選択肢を使用することができる)、のいずれかによってその誤りを訂正しなければならない。

14.5c　元の球に関連する誤りの後に行われた行動に対する罰はない

プレーヤーが規則14.5aに基づいて誤りを訂正する場合、その誤りの後に行われ、かつ単に元の球に関連した行動に対する罰(例えば、偶然にその球を**動かし**たことに対する罰(規則9.4b参照)、またはその元の球に対する**ストローク**に影響を及ぼす状態を**改善**したことに対する罰(規則8.1a参照))はカウントしない。

しかし、これらの同じ行動が誤りを訂正するために**インプレー**にした球にも罰を受ける場合(例えば、これらの行動が今の**インプレー**となった球に対して**ストローク**に影響を及ぼす状態を**改善**した場合)、その罰は今の**インプレー**の球に対して適用する。

例外─ドロップした球の方向を故意に変えたり、止めたことに対する罰：ストロークプレーで、プレーヤーが**ドロップ**した球の方向を故意に変えたり、止めたことに対し規則14.3dに基づいて**一般の罰**を受ける場合、そのプレーヤーが規則14.3bの手続きを使用して再び**ドロップ**したとしても、その罰を受ける。

14.6　直前のストロークを行った場所から次のストロークを行うこと

この規則は、プレーヤーが規則に基づいて直前のストロークを行った場所から次のストロークを行わなければならない、または行うことができるすべての場合(例えば、ストロークと距離の救済に基づいてプレーする、またはストロークが取り消されたり、別の規則によりカウントしないことになったストロークの後に再びプレーする)に適用する。

- プレーヤーが球をインプレーにしなければならない方法はコース上のどのエリアで直前のストロークを行ったかによる。

- すべての状況下で、プレーヤーは元の球を使用するか、別の球に取り替えることができる。

14.6a　直前のストロークをティーイングエリアから行った

元の球か別の球を規則6.2bに基づいてティーイングエリアからプレーしなければならない(球はティーアップすることができる)。

14.6b　直前のストロークをジェネラルエリア、ペナルティーエリア、バンカーから行った

元の球か別の球を次の救済エリアの中にドロップし、この救済エリアからプレーしなければならない(規則14.3参照):

- 基点:直前のストロークが行われた箇所(分からない場合は推定しなければならない)。

- 基点から計測する救済エリアのサイズ:1クラブレングス。しかし、次の制限がある:

- 救済エリアの場所に関する制限:

　　» 基点と同じコースエリアでなければならない。

　　» 基点よりホールに近づいてはならない。

14.6c　直前のストロークをパッティンググリーンから行った

元の球か別の球を規則14.2b(2)と規則14.2eに基づく球をリプレースする手続きにより、直前のストロークが行われた箇所(分からない場合は推定しなければならない)(規則14.2参照)にプレースしなければならない。

規則14.6に違反して誤所から球をプレーしたことに対する罰:規則14.7aに基づく一般の罰。

図14.6：直前のストロークを行った場所から次のストロークを行う

プレーヤーが直前のストロークを行った場所から次のストロークを行うことを求められたり、認められる場合、プレーヤーがどのように球をインプレーにしなければならないかは直前のストロークを行ったコースエリアによる。

ティーイング エリア	ジェネラルエリア、バンカー、またはペナルティーエリア	パッティング グリーン

ティーイングエリアから直前のストロークを行った場合、そのティーイングエリアの中のどこからかプレーをしなければならない。

直前のストロークを、ジェネラルエリア、バンカー、またはペナルティーエリアからプレーした場合、基点はその直前のストロークを行った箇所となる。球は基点から1クラブレングス以内で、その基点と同じコースエリアでその基点よりホールに近づかない所にドロップする。

直前のストロークをパッティンググリーンから行った場合、その直前のストロークを行った場所に球をプレースする。

14.7　誤所からプレーすること

14.7a　球をプレーしなければならない場所

ホールをスタートした後：

- プレーヤーは自分の球が止まった場所から各ストロークを行わなければならない。ただし、規則がプレーヤーに別の場所からプレーすることを要求する、または認める場合を除く(規則9.1参照)。

- プレーヤーは誤所から自分のインプレーの球をプレーしてはならない。

規則14.7aに違反して誤所から球をプレーしたことに対する罰：一般の罰。

14.7b　ストロークプレーで誤所からプレーした後にホールを終了する方法

(1) プレーヤーは誤所からプレーした球でホールのプレーを終わらせるのか、それとも正しい場所からプレーすることにより間違いを訂正するかを決めなければならない。ストロークプレーでは、プレーヤーが次に何をするのかは重大な違反があったかどうかによる。つまり、プレーヤーが誤所からプレーすることによって著しい利益を得たのかどうかによる：

- 重大な違反がない。プレーヤーは、誤りを訂正しないで誤所からプレーした球でそのホールのプレーを終わらせなければならない。

- 重大な違反がある。

  » プレーヤーは規則に基づいて正しい所からプレーした球でそのホールのプレーを終えることによりその誤りを訂正しなければならない。

  » プレーヤーが別のホールを始めるためのストロークを行う前に、またはそのラウンドの最終ホールでは、そのプレーヤーのスコアを提出する前にその誤りを訂正しなかった場合、そのプレーヤーは失格となる。

- 違反が重大であるかどうかはっきりしない場合に行うこと。プレーヤーは誤所からプレーした元の球と、規則に基づく正しい所からプレーした第2の球の両方でそのホールのプレーを終わらせるべきである。

(2) 2つの球をプレーするプレーヤーは委員会に報告しなければならない。プレーヤーが、誤所からのプレーが重大な違反かどうかはっきりせず、その誤りを訂正しようとして2つの球をプレーすることを決めた場合：

- プレーヤーはスコアカードを提出する前に委員会にその事実を報告しなければならない。

- このことは両方の球が同じスコアであるとプレーヤーが思った場合や、2つの球をプレーすることを決めたプレーヤーが両方の球でそのホールを終えないことを選んだ場合にも適用する。

プレーヤーが**委員会**にその事実を報告しなかった場合、そのプレーヤーは失格となる。

(3) **プレーヤーが2つの球をプレーした場合、委員会がホールのプレーヤーのスコアを裁定することになる。**そのホールのそのプレーヤーのスコアは、**誤所**から元の球をプレーしたときに**重大な違反**があったと**委員会**が裁定するかどうかによる:

- **重大な違反**はない。
    - » **誤所**からプレーされた元の球のスコアをカウントし、プレーヤーは規則14.7aに基づいて一般の罰を受ける(つまり、その球のスコアに2罰打を追加する)。
    - » 他の球でのすべての**ストローク**(行った**ストローク**とその球をプレーしたことによってのみ受けた罰打を含む)はカウントしない。

- **重大な違反**がある。
    - » **誤所**からのプレーの誤りを訂正するためにプレーした球のスコアをカウントし、プレーヤーは規則14.7aに基づいて一般の罰を受ける(つまりその球のスコアに2罰打を追加する)。
    - » **誤所**から元の球をプレーするときに行った**ストローク**と、その球でのさらなる**ストローク**(行った**ストローク**と単にその球をプレーしたことに対する罰打を含む)はカウントしない。
    - » 誤りを訂正するためにプレーした球をまた**誤所**からプレーした場合:
        - – **委員会**がこれを**重大な違反**ではないと裁定した場合、プレーヤーは規則14.7aに基づいて一般の罰(さらに2罰打)を受け、その球のスコアに追加されるのは合計で4罰打となる (2打は**誤所**から元の球をプレーしたことに対する罰、さらに2打は**誤所**から他の球をプレーしたことに対する罰)。
        - – **委員会**がこれを**重大な違反**と裁定した場合、そのプレーヤーは失格となる。

VI

罰なしの救済
規則15〜16

規則 15 ルースインペディメントと動かせる障害物(プレーの援助や妨げとなる球やボールマーカーを含む)からの救済

規則の目的:

規則15はプレーヤーがルースインペディメントと動かせる障害物から罰なしに救済を受けることができる場合とその方法を扱っている。

- これらの動かせる自然物や人工物はコースをプレーする上での挑戦の一部とは扱われず、それらがプレーの妨げとなる場合、プレーヤーは通常、それらを取り除くことが認められる。
- しかし、そのプレーヤーはパッティンググリーン以外の場所にある球の近くのルースインペディメントを動かすときには注意する必要がある。なぜなら、それらを動かしたことが球を動かす原因となった場合には罰があるからである。

15.1 ルースインペディメント

15.1a ルースインペディメントの取り除き

コース上やコース外のどこででもプレーヤーは罰なしにルースインペディメントを取り除くことができ、その方法は問わない(例えば、手、足、クラブ、その他の用具を使用する、他の人からの援助を受ける、ルースインペディメントの一部を折って取り除く)。

しかし、2つの例外がある:

例外1-球をリプレースしなければならない場所にあるルースインペディメントを取り除くこと:パッティンググリーン以外の場所から拾い上げた、あるいはパッティンググリーン以外の場所で動かした球をリプレースする前に:

- プレーヤーは、もし球を拾い上げたり動かす前にルースインペディメントを取り除いたら、そのルースインペディメントがその球を動かす原因となる可能性がある場合、そのルースインペディメントを故意に取り除いてはならない。
- プレーヤーがそうした場合、そのプレーヤーは1罰打を受ける。しかし、その取り除いたルースインペディメントを元に戻す必要はない。

この例外はラウンド中と規則5.7aに基づくプレーの中断中の両方に適用する。この例外は、球を拾い上げたり、動かす前にはそこにはなかったルースインペディメントや、球の箇所をマークしたり、球を拾い上げたり、動かしたり、リ

プレースした結果、または球を動かす原因となった結果として動かされた**ルースインペディメント**には適用しない。

例外2－動いている球に影響を及ぼす**ルースインペディメント**を故意に取り除くことの制限(規則11.3参照)。

15.1b　ルースインペディメントを取り除いているときに球が動く

プレーヤーが**ルースインペディメント**を取り除いたことが自分の球を動かす原因となった場合:

- その球を元の箇所に**リプレース**しなければならない(分からない場合は推定しなければならない)(規則14.2参照)。

- その動かした球が**パッティンググリーン**(規則13.1d参照)、または**ティーイングエリア**(規則6.2b(6)参照)以外の場所に止まっていた場合、その**プレーヤー**は規則9.4bに基づいて1罰打を受ける。ただし、規則7.4を適用する場合(捜索中に球を動かすことについては罰なし)や、規則9.4b例外のどれかを適用する場合を除く。

規則15.1に違反して誤所から球をプレーしたことに対する罰:規則14.7aに基づく一般の罰。

15.2　動かせる障害物

この規則は定義「**動かせる障害物**」に合致する人工物に対して認められる罰なしの救済を扱っている。

この規則は**動かせない障害物**(規則16.1に基づいて異なる種類の罰なしの救済が認められる)や**境界物**や**不可分な物**(罰なしの救済が認められていない)に対して救済を与えない。

15.2a　動かせる障害物からの救済

(1) 動かせる障害物の取り除き。罰なしに、**プレーヤー**は**コース**上や**コース**外のどこででも**動かせる障害物**を取り除くことができ、その方法は問わない。

しかし、2つの例外がある:

例外1－球を**ティーイングエリア**からプレーするときに**ティーマーカー**を動かしてはならない(規則6.2b(4)と8.1a(1)参照)。

例外2－動いている球に影響を及ぼす**動かせる障害物**を故意に取り除くことに関する制限(規則11.3参照)。

プレーヤーの球が**動かせる障害物**を取り除いている間に**動いた**場合：

- 罰はない。

- その球を元の箇所(分からない場合は推定しなければならない)(規則14.2 参照)に**リプレース**しなければならない。

(2) <u>**パッティンググリーン**以外の**コース**上の場所で、球が**動かせる障害物**の中や上にある場合の救済</u>。プレーヤーは球を拾い上げ、その**動かせる障害物**を取り除き、元の球か別の球を次の**救済エリア**に**ドロップ**することによって罰なしの救済を受けることができる(規則14.3参照)：

- <u>**基点**</u>：球がその**動かせる障害物**の中や上に止まっていた場所の真下と推定する地点。

- <u>**基点**から計測する**救済エリア**のサイズ</u>：1**クラブレングス**。しかし、次の制限がある：

- **救済エリア**の場所に関する制限：

  » 基点と同じ**コースエリア**でなければならない。

  » 基点より**ホール**に近づいてはならない。

図#1　15.2a：動かせる障害物を取り除いたときに動いた球(球が障害物の中や上にある場合を除く)

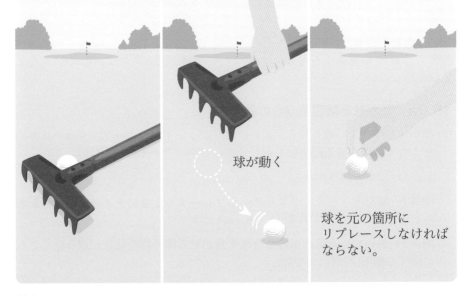

球が動く

球を元の箇所に
リプレースしなければ
ならない。

図#2 15.2a：動かせる障害物の中や上の球

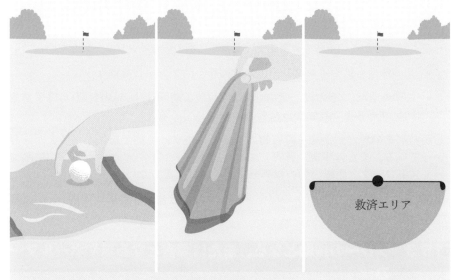

救済エリア

- コース上のどこででも、球が動かせる障害物(例えばタオル)の中や上にある場合、球を拾い上げ、その動かせる障害物を取り除き、その球か他の球をドロップする(パッティンググリーンを除く)ことにより罰なしの救済を受けることができる。
- 救済を受けるための基点はその動かせる障害物の中や上に球が止まっている所の真下と推定する地点となる。
- 救済エリアは基点から1クラブレングスで、その基点よりホールに近づかない、その基点と同じコースエリアでなければならない。

(3) **パッティンググリーン上で、球が動かせる障害物の中や上にある場合の救済**。プレーヤーは次の罰なしの救済を受けることができる：

- 球を拾い上げて、その**動かせる障害物**を取り除く。

- 規則14.2b(2)と規則14.2eに基づく球を**リプレース**する手続きにより、その球がその**動かせる障害物**の中や上に止まっていた場所の真下と推定する箇所に、元の球か別の球をプレースする。

15.2b　動かせる障害物の中や上に球があるが、見つからない場合

プレーヤーの球が見つかっておらず、その球が**コース**上の**動かせる障害物**の中や上に止まったことが「**分かっている、または事実上確実**」な場合、そのプレーヤーは**ストロークと距離**の救済を受ける代わりに次の救済の選択肢を使

用することができる：

- プレーヤーは、球が**コース**上のその**動かせる障害物**の縁を最後に横切った場所の真下と推定した地点を基点として、規則15.2a(2)か15.2a(3)に基づいて罰なしの救済を受けることができる。

- プレーヤーがこの方法で救済を受けるために別の球を**インプレー**にした時点で：

  » 元の球はもはや**インプレー**の球ではなく、プレーしてはならない。

  » このことは、その後、元の球が3分の捜索時間(規則6.3b参照)が終了する前に**コース**上で見つかったとしても同じである。

しかし、その球が**動かせる障害物**の中や上に止まっていて**紛失**したことが「**分かっている、または事実上確実**」ではない場合、プレーヤーは規則18.2に基づいて**ストロークと距離**の罰の救済を受けなければならない。

規則15.2に違反して誤所から球をプレーしたことに対する罰：規則14.7aに基づく一般の罰。

15.3　プレーの援助となる、または障害となる球やボールマーカー

15.3a　プレーの援助となるパッティンググリーンの球

規則15.3aは**パッティンググリーン**に止まっている球だけに適用し、**コース**上の他の場所には適用しない。

プレーヤーが**パッティンググリーン**に止まっている球が誰かのプレーの援助となるかもしれない(例えば、**ホール**の近くで歯止めとして役立つ可能性がある)と合理的に考えた場合、そのプレーヤーは次のことができる：

- その球が自分の球である場合は、規則13.1bに基づいてその球の箇所を**マーク**して拾い上げる。または、その球が別のプレーヤーのものである場合は、当該プレーヤーに球の箇所を**マーク**して拾い上げることを要請する(規則14.1参照)。

- 拾い上げた球は、その球の元の箇所に**リプレース**しなければならない(規則14.2参照)。

ストロークプレーに限り：

- 球の拾い上げを要請されたプレーヤーは、そうする代わりに先にプレーすることができる。

- プレーヤーの誰かの援助となるように球をその場所に残しておくことに複数

のプレーヤーが同意し、援助となる球を残したまま、そのプレーヤーがストロークを行った場合、同意をした各プレーヤーは一般の罰(2罰打)を受ける。

委員会の措置、セクション5J (「歯止めとなる」ことを防ぐための最善の策に関するガイダンス)参照。

15.3b　プレーの障害となるコース上にある球

(1) **別のプレーヤーの球による障害の意味**。次の場合にこの規則に基づく障害があることになる:

- 別のプレーヤーの止まっている球がプレーヤーの意図する**スタンス**や、意図するスイング区域の障害となる可能性がある。

- 別のプレーヤーの止まっている球がプレーヤーの**プレーの線**上やその近くにあり、意図する**ストローク**を行うとそのプレーヤーの動いている球がその球に当たる合理的な可能性がある。

- 別のプレーヤーの止まっている球が、プレーヤーが**ストローク**を行うときに気が散るぐらい近くにある。

(2) **障害となる球から救済が認められる場合**。コース上にある別のプレーヤーの球がプレーヤー自身のプレーの障害となる可能性があるとそのプレーヤーが合理的に考えた場合:

- プレーヤーはその別のプレーヤーにその球の箇所を**マーク**して拾い上げることを要請することができるが(規則14.1参照)、球はふいてはならず(ただし、規則13.1bに基づいて**パッティンググリーン**から拾い上げる場合を除く)、元の箇所に**リプレース**しなければならない(規則14.2参照)。

- その別のプレーヤーがその球を拾い上げる前にその箇所を**マーク**しなかった、または認められていないのに拾い上げた球をふいた場合、そのプレーヤーは1罰打を受ける。

- **ストロークプレー**に限り、この規則に基づいて球の拾い上げを要請されたプレーヤーは、そうする代わりに先にプレーすることができる。

自分の球が別のプレーヤーのプレーの障害となる可能性があるとプレーヤー自身が考えただけではこの規則に基づいて球を拾い上げることは認められない。

プレーヤーが別のプレーヤーに要請されていないのに自分の球を拾い上げた場合(ただし、規則13.1bに基づいて**パッティンググリーン**の球を拾い上げる場合を除く)、そのプレーヤーは1罰打を受ける。

15.3c　プレーの援助となる、または障害となるボールマーカー

ボールマーカーがプレーの援助となる場合、または障害となる場合、プレーヤーは次のことができる:

- そのボールマーカーが自分のものである場合は、援助または障害とならない場所にそのボールマーカーを動かす。

- そのボールマーカーが別のプレーヤーのものである場合、規則15.3aや規則15.3bに基づいてプレーヤーが球の拾い上げを要求できるのと同じ理由で、そのプレーヤーにそのボールマーカーを援助または障害とならない場所に動かすことを要請する。

ボールマーカーは元の箇所から計測(例えば、1または複数のクラブヘッドレングス)した援助または障害とならない新しい箇所に動かさなければならない。

そのボールマーカーを元に戻す場合、プレーヤーは新しい箇所から計測して、そのボールマーカーを援助または障害とならない場所に動かす際に使った逆の手順を行うことによって、そのボールマーカーを元に戻すべきである。

この同じ手続きをプレーヤーが球から計測することによって援助または障害となっている球を動かす場合にも適用するべきである。

規則15.3の違反の罰:一般の罰。

この罰は次の場合にも適用する:

- プレーヤーが、別のプレーヤーが(1)この規則に基づいて援助となる球やボールマーカーを拾い上げたり動かす意図があったこと、または(2)他の誰かにそうすることを要請されたことを知っていたのに、その援助となる球やボールマーカーが拾い上げられたり、動かされるのを待たずにストロークを行った場合。

- プレーヤーが自分の球を拾い上げることや、自分のボールマーカーを動かすことを要請されたのにそれを拒み、そしてその後、そのプレーヤーの球やボールマーカーが援助となったり、障害となっていたかもしれない他のプレーヤーがストロークを行った場合。

規則15.3に違反して誤所から球をプレーしたことに対する罰:規則14.7aに基づく一般の罰。

規則 16 異常なコース状態(動かせない障害物を含む)、危険な動物の状態、地面にくい込んだ球からの救済

規則の目的:

規則16は違う場所から球をプレーすることによって罰なしの救済を受けることができる場合とその方法を扱っている(例えば、異常なコース状態や危険な動物の状態による障害がある場合)。

- これらの状態はコースをプレーする上での挑戦の一部ではなく、ペナルティーエリアを除き、罰なしの救済が一般的に認められる。
- プレーヤーは通常は完全な救済のニヤレストポイントに基づく救済エリアに球をドロップすることによって救済を受ける。

この規則は、プレーヤーの球がジェネラルエリアで自らのピッチマークにくい込んだ場合にも罰なし救済を扱っている。

16.1 異常なコース状態(動かせない障害物を含む)

この規則は動物の穴、修理地、動かせない障害物、一時的な水による障害から認められる罰なしの救済を扱っている:

- これらは総称として異常なコース状態と言われているが、それぞれには別々の定義がある。
- この規則は動かせる障害物(規則15.2aに基づいて認められる違う種類の罰なしの救済)や境界物や不可分な物(罰なしの救済は認められない)からの救済は与えない。

16.1a 救済が認められる場合

(1) 異常なコース状態による障害の意味。次の場合、障害が生じている:

- プレーヤーの球が異常なコース状態に触れている、またはその状態の中や上にある。
- 異常なコース状態がプレーヤーの意図するスタンス区域や意図するスイング区域の物理的な障害となる。
- 球がパッティンググリーン上にある場合に限り、そのパッティンググリーンやパッティンググリーン以外の場所にある異常なコース状態がプレーの線に介在する。

異常なコース状態がプレーヤーの気を散らすほど近くにあってもこれらの要件を満たさなければ、この規則に基づく障害はない。

委員会の措置、セクション8；ローカルルールひな型F-6(委員会は意図するスタンス区域の障害となるだけでは異常なコース状態からの救済を認めないローカルルールを採用することができる)参照。

図16.1a：異常なコース状態に対する救済が認められる場合

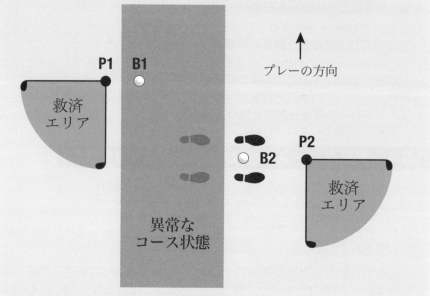

- この図は右打ちのプレーヤーを想定している。
- 球が異常なコース状態(動かせない障害物を含む)(以下ACC)に触れているか、中や上にある場合(B1)、またはACCが意図するスタンスやスイング区域(B2)の障害となる場合、ACCによる障害から罰なしの救済が認められる。
- B1に対する完全な救済のニヤレストポイントはP1で、そのACCにとても近い所となる。
- B2に対する完全な救済のニヤレストポイントはP2となる。そして、スタンスもその状態を避けなければならないのでそのACCから遠くなる。

(2) <u>救済は球がペナルティーエリア以外のコース上のどこにあっても認められる</u>。異常なコース状態による障害からの救済は次の両方を満たす場合にのみ規則16.1に基づいて認められる：

- **異常なコース状態**が**コース上**(アウトオブバウンズではなく)にある。

- 球が**ペナルティーエリア以外のコース上**にある(ペナルティーエリアでのプレーヤーの唯一の救済は規則17に基づく)。

(3) <u>明らかに不合理な場合、救済はない</u>。次の場合、規則16.1に基づく救済はない：

- プレーヤーが罰なしの救済を受けることが認められない状態が理由で球をあるがままにプレーすることが明らかに不合理な場合(例えば、球がブッシュの中にあるためにそのプレーヤーが**ストローク**を行うことができない場合)。

- プレーヤーがその状況下では明らかに不合理なクラブ、**スタンス**やスイングの種類、プレーの方向を選択することによってのみ、その障害が生じる場合。

委員会の措置、セクション8；ローカルルールひな型F-23(委員会は、コースやコース外の臨時の**動かせない障害物**による障害に対して罰なしに救済を認めるローカルルールを採用することができる)参照。

16.1b　ジェネラルエリアの球に対する救済

プレーヤーの球が**ジェネラルエリア**にあり、**コース上**の**異常なコース状態**による障害がある場合、プレーヤーは、次の**救済エリア**に元の球か別の球を**ドロップ**することによって罰なしの救済を受けることができる(規則14.3参照)：

- <u>基点</u>：ジェネラルエリアの**完全な救済のニヤレストポイント**。

- <u>基点から計測する**救済エリア**のサイズ</u>：1クラブレングス。しかし、次の制限がある：

- <u>救済エリアの場所に関する制限</u>：

  » **ジェネラルエリア**でなければならない。

  » 基点より**ホール**に近づいてはならない。

  » その**異常なコース状態**によるすべての障害からの**完全な救済**でなければならない。

図16.1b：ジェネラルエリアの異常なコース状態からの罰なしの救済

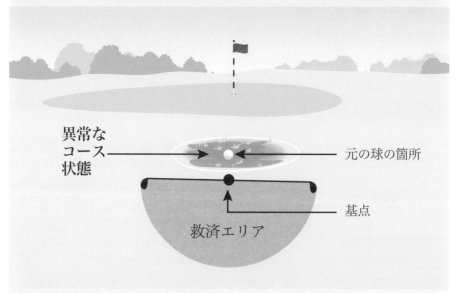

異常な
コース
状態

元の球の箇所

基点

救済エリア

- 球がジェネラルエリアにあり、異常なコース状態による障害がある場合、罰なしの救済が認められる。
- 完全な救済のニヤレストポイントを決めて、球をその救済エリア内にドロップし、球はその救済エリア内に止まらなければならない。
- 救済エリアは基点から1クラブレングスで、その基点よりホールに近づかない、ジェネラルエリアでなければならない。
- 救済を受ける場合、プレーヤーはその異常なコース状態によるすべての障害から完全な救済を受けなければならない。

16.1c　バンカー内の球の救済

プレーヤーの球が**バンカー**内にあり、その**コース上の異常なコース状態**による障害がある場合、そのプレーヤーは(1)に基づく罰なしの救済、または(2)に基づく罰ありの救済のいずれかの救済を受けることができる：

(1) **罰なしの救済：バンカーからプレーする。**プレーヤーは規則16.1bに基づいて罰なしの救済を受けることができる。**ただし、：**

- **完全な救済のニヤレストポイント**と**救済エリア**はその**バンカー**の中でなければならない。

- その**バンカー**に**完全な救済のニヤレストポイント**がない場合、プレーヤーは、**救済エリア**のための基点としてその**バンカー**内の**最大限の救済**を受

けることができるポイントを使用することにより、この救済を受けることもできる。

図16.1c：バンカー内での異常なコース状態からの救済

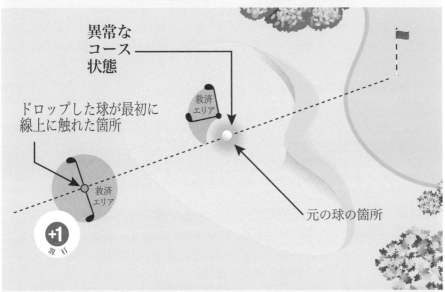

異常な
コース
状態

ドロップした球が最初に
線上に触れた箇所

救済
エリア

救済
エリア

+1
罰打

元の球の箇所

- 図は右打ちのプレーヤーを想定している。
- バンカー内の異常なコース状態が障害となる場合、規則16.1bに基づいてバンカー内で罰なしの救済を受けるか、1罰打でバンカーの外に救済を受けることができる。
- バンカーの外での救済は元の球の箇所とホールを結ぶ線上に球をドロップして受けることができる。
- その救済エリアはドロップしたときにその球が地面に最初に触れた箇所からどの方向にも1クラブレングスとなる。

(2) **罰ありの救済：バンカーの外(後方線上の救済)からプレーすること**。1罰打で、プレーヤーは元の球か別の球(規則14.3参照)を、元の球の箇所と**ホール**を結ぶ線上で、そのバンカーの外にドロップすることができる(球をドロップすることができる後方の距離に制限はない)。ドロップしたときにその球が最初に地面に触れた線上の箇所が**救済エリア**を定め、その**救済エリア**はその地点からどの方向にも**1クラブレングス**となる。しかし、次の制限がある。

- **救済エリア**の場所の制限：

  » 元の球の箇所より**ホール**に近づいてはならない。

  » 同じ**バンカー**以外であれば、どの**コースエリア**でも良い。しかし、

> » ドロップしたときに球が最初に触れたのと同じ**コースエリア**でなければ
> ならない。

16.1d　パッティンググリーンの球の救済

プレーヤーの球が**パッティンググリーン**上にあり、その**コース**上の**異常なコース状態**による障害がある場合、プレーヤーは、規則14.2b(2)と規則14.2eに基づく球を**リプレース**する手続きにより、元の球か別の球を**完全な救済のニヤレストポイント**に**プレース**することで、罰なしの救済を受けることができる。

・ **完全な救済のニヤレストポイント**は、**パッティンググリーン**上か**ジェネラルエリア**のいずれかでなければならない。

・ **完全な救済のニヤレストポイント**がない場合、プレーヤーは、**最大限の救済を受けることができるポイント**を基点としてこの罰なしの救済を受けることもできる。この**最大限の救済を受けることができるポイント**は**パッティンググリーン**上か**ジェネラルエリア**のいずれかでなければならない。

16.1e　異常なコース状態の中や上にあるが見つからない球の救済

プレーヤーの球が見つかっておらず、その球が**コース**上の**異常なコース状態**の中や上に止まったことが「**分かっている、または事実上確実**」な場合、そのプレーヤーは**ストロークと距離**の救済を受ける代わりに次の救済の選択肢を使用することができる：

・ プレーヤーは、球が**コース**上の**異常なコース状態**の縁を最後に横切ったと推定した地点にその球があったものとして決定した**完全な救済のニヤレストポイント**を使用して規則16.1b,c,dに基づいて救済を受けることできる。

・ プレーヤーがこの方法で救済を受けるために別の球を**インプレー**にした時点で：

> » 元の球はもはや**インプレー**の球ではなく、プレーしてはならない。

> » このことは、その後、元の球が3分の捜索時間(規則6.3b参照)が終了する前に**コース**上で見つかったとしても同じである。

しかし、球が**異常なコース状態**の中や上に止まったことが「**分かっている、または事実上確実**」ではなく、その球が**紛失**している場合、そのプレーヤーは規則18.2に基づいて**ストロークと距離**の救済を受けなければならない。

図16.1d：パッティンググリーン上の異常なコース状態からの罰なしの救済

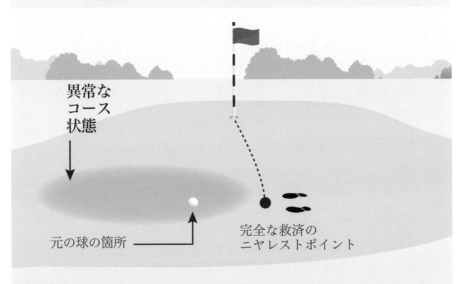

異常な
コース
状態

元の球の箇所

完全な救済の
ニヤレストポイント

- この図は左打ちのプレーヤーを想定している。
- 球がパッティンググリーン上にあり、異常なコース状態による障害がある場合、完全な救済のニヤレストポイントに球をプレースすることによって罰なしの救済を受けることができる。
- 完全な救済のニヤレストポイントはパッティンググリーンかジェネラルエリアのいずれかでなければならない。

16.1f 異常なコース状態の中のプレー禁止区域による障害から救済を受けなければならない

次の各状況では、球はあるがままにプレーしてはならない：

(1) **球がペナルティーエリア以外のコース上のプレー禁止区域にある場合。** プレーヤーの球がジェネラルエリア、バンカー、パッティンググリーンの異常なコース状態の中や上のプレー禁止区域にある場合：

- **ジェネラルエリアのプレー禁止区域。** プレーヤーは、規則16.1bに基づいて罰なしの救済を受けなければならない。

- **バンカーのプレー禁止区域。** プレーヤーは規則16.1c(1)や(2)に基づいて罰なしの救済、または罰ありの救済を受けなければならない。

- **パッティンググリーンのプレー禁止区域。** プレーヤーは規則16.1dに基づいて罰なしの救済を受けなければならない。

(2) **プレー禁止区域がペナルティーエリア以外のコース上にある球に対するプレーヤーのスタンスやスイングの障害となる場合の救済。** プレーヤーの球がプレー禁止区域の外のジェネラルエリア、バンカー、またはパッティンググリーンにあり、プレー禁止区域(異常なコース状態またはペナルティーエリアであるかどうかにかかわらず)がプレーヤーの意図する**スタンス**区域や意図する**スイング**区域の障害となる場合、プレーヤーは次のいずれかの処置をとらなければならない：

- その球がジェネラルエリア、バンカー、パッティンググリーンにあるかどうかによって規則16.1b,c,dに基づいて認められる救済を受ける。

- 規則19に基づいてアンプレヤブルの球の救済を受ける。

ペナルティーエリアの球に対して**プレー禁止区域**が障害となる場合にすることについては規則17.1e参照。

規則16.1に違反して誤所から球をプレーしたことに対する罰：規則14.7aに基づく一般の罰。

16.2 危険な動物の状態

16.2a 救済が認められる場合

「危険な**動物**の状態」は、球をあるがままにプレーすると、球の近くの危険な**動物**(例えば、毒ヘビ、刺す蜂、ワニ、ヒアリ、熊)により、プレーヤーが重傷を負う可能性がある場合に存在する。

プレーヤーは球が**コース**上のどこにあるかに関係なく危険な**動物**の状態による障害から規則16.2bに基づいて救済を受けることができる。

この規則は、身体に危害を及ぼす可能性のある**コース**上の他の状況(例えば、サボテン)には適用しない。

16.2b 危険な動物の状態に対する救済

危険な**動物**の状態による障害がある場合:

(1) **球がペナルティーエリア以外の場所にある場合**。その球が**ジェネラルエリア**、**バンカー**、**パッティンググリーン**にあるかどうかによって規則16.1b,c,dに基づく救済を受けることができる。

(2) **球がペナルティーエリアにある場合**。プレーヤーは罰なしの救済か、罰ありの救済を受けることができる:

- 罰なしの救済:ペナルティーエリアからプレーする。プレーヤーは規則16.1bに基づいて罰なしの救済を受けることができる。**ただし、完全な救済のニヤレストポイント**とその**救済エリア**はそのペナルティーエリア内でなければならない。

- 罰ありの救済:**ペナルティーエリアの外からプレーする。**

  » プレーヤーは規則17.1dに基づいて罰ありの救済を受けることができる。

  » このペナルティーエリアの外でこの罰ありの救済を受けた後にその球をプレーする場所に危険な**動物**の状態による障害がある場合、そのプレーヤーは追加の罰なしに(1)に基づいて更なる救済を受けることができる。

(3) **明らかに不合理な場合、罰なしの救済はない**。次の場合、規則16.2bに基づく罰なしの救済はない:

- プレーヤーが罰なしに救済を受けることが認められていない状態が理由で、球をあるがままにプレーすることが明らかに不合理な場合(例えば、球がブッシュの中にあるためにそのプレーヤーが**ストローク**を行うことができない場合)。

- プレーヤーがその状況下では明らかに不合理なクラブ、**スタンス**やスイングの種類、プレーの方向を選択することによってのみ、その障害が生じる場合。

この規則に関して、**完全な救済のニヤレストポイント**とは、危険な**動物**の状態が存在しない場所で最も近い地点(**ホール**には近づかない)を意味する。

規則16.2に違反して誤所から球をプレーしたことに対する場合：規則14.7aに基づく一般の罰。

16.3 地面にくい込んでいる球

16.3a 救済が認められる場合

(1) **球はジェネラルエリアにくい込んでいなければならない。** プレーヤーの球が**ジェネラルエリア**にくい込んでいる場合にだけ規則16.3bに基づいて救済が認められる。

- 球がジェネラルエリア以外の場所にくい込んでいる場合、この規則に基づく救済はない。

- しかし、球が**パッティンググリーン**にくい込んだ場合、プレーヤーはその球の箇所を**マーク**して拾い上げ、ふくことができ、その球の衝撃による損傷を修理してその球を元の箇所に**リプレース**することができる(規則13.1c(2)参照)。

例外－ジェネラルエリアにくい込んだ球に対して救済が認められない場合： 次の場合、規則16.3bに基づく救済はない：

- 球がフェアウェイの長さかそれ以下に刈っていない**ジェネラルエリア**の一部の砂の中にくい込んでいる場合。

- プレーヤーが罰なしの救済を受けることが認められていない状態が理由で、球をあるがままにプレーすることが明らかに不合理な場合(例えば、球がブッシュの中にあるためにそのプレーヤーが**ストローク**を行うことができない場合)。

(2) **球が地面にくい込んでいるかの決定。** プレーヤーの球は次の要件を満たした場合にだけ**地面にくい込んでいる**ことになる：

- そのプレーヤーの直前の**ストローク**の結果作られた自らのピッチマークの中にある。

- 球の一部が地表面以下にある。

球が自らのピッチマークの中にあるのか、別の球によって作られたピッチマークの中にあるのかどうかプレーヤーがはっきりと分からない場合、入手できる情報からその球は自らのピッチマークの中にあると結論づけることが合理的である場合には、その球は**地面にくい込んでいる**ものとして扱うことができる。

プレーヤーの直前の**ストローク**以外の結果として球が地表面以下にある場合、その球は**地面にくい込んでいる**ことにはならない。例えば:

- 誰かに踏まれて球が地面に押し込まれた。

- 球が空中に飛ぶことなくそのまま**地面にくい込んだ**。

- 規則に基づいて救済を受けるときに**ドロップ**した球が**地面にくい込んだ**。

図16.3a：球が地面にくい込んでいる場合

球が地面にくい込んでいる
球(自らのピッチマークの中にある)の一部が
地表面以下にある。
← 地表面

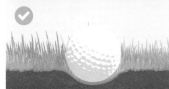

球が地面にくい込んでいる
球が土に触れていないという事実にかかわらず、
球(自らのピッチマークの中にある)の一部が
地表面以下にある。

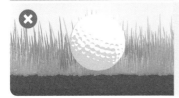

球が地面にくい込んでいない
球が芝の中にあるが、球の一部が地表面
以下にはないので、救済はない。

16.3b　地面にくい込んだ球の救済

プレーヤーの球がジェネラルエリアにくい込んで、規則16.3aに基づいて救済が認められる場合、そのプレーヤーは次の**救済エリア**に元の球か別の球を**ドロップ**することにより罰なしの救済を受けることができる(規則14.3参照):

- <u>基点</u>：ジェネラルエリアで球が**地面にくい込んでいる**場所の直後の箇所。

- <u>基点から計測する**救済エリア**のサイズ</u>：1クラブレングス。しかし、次の制限がある:

- <u>救済エリアの場所に関する制限</u>：

  » ジェネラルエリアでなければならない。

  » 基点より**ホール**に近づいてはならない。

委員会の措置、セクション8；ローカルルールひな型F-2(委員会は、フェアウェイの芝の長さかそれ以下の区域の地面にくい込んだ球だけに救済を認めるローカルルールを採用することができる)参照。

規則16.3に違反して誤所から球をプレーしたことに対する場合：規則14.7aに基づく一般の罰。

図16.3b：地面にくい込んだ球に対する罰なしの救済

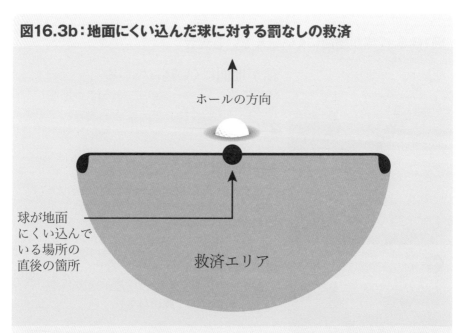

- 球がジェネラルエリアの地面にくい込んでいる場合、罰なしの救済を受けることができる。
- 救済を受けるための基点は球が地面にくい込んでいる場所の直後の箇所である。
- 救済エリアは基点から1クラブレングスで、その基点よりホールに近づかない、ジェネラルエリアでなければならない。
- 球をその救済エリア内にドロップし、球はその救済エリア内に止まらなければならない。

16.4 救済が認められる状態の中にあるかどうかを確かめるために球を拾い上げる

プレーヤーが自分の球は規則15.2、規則16.1または規則16.3に基づいて罰なしの救済が認められる状態にあると合理的に考えているが、その球を拾い上げずにその状態を決定することができない場合:

- プレーヤーは救済が認められるのかどうかを確かめるためにその球を拾い上げることができる。**しかし**:

- その球の箇所をまず**マーク**しなければならず、そして拾い上げた球をふいてはならない(ただし、**パッティンググリーン**上を除く)(規則14.1参照)。

この合理的な考えなしにプレーヤーが球を拾い上げた場合(ただし、**パッティンググリーン**上でプレーヤーが規則13.1bに基づいて拾い上げることができる場合を除く)、1罰打を受ける。

救済が認められ、プレーヤーが救済を受ける場合、そのプレーヤーが球を拾い上げる前にその球の箇所を**マーク**しなかったり、拾い上げた球をふいたとしても、罰はない。

救済が認められない場合、またはプレーヤーが認められている救済を受けないことを選んだ場合:

- プレーヤーが球を拾い上げる前にその球の箇所を**マーク**しなかったり、認められていないのに拾い上げた球をふいた場合、プレーヤーは1罰打を受ける。

- その球を元の箇所に**リプレース**しなければならない(規則14.2参照)。

規則16.4に違反して誤所から球をプレーしたことに対する罰:規則14.7aに基づく一般の罰。

VII

罰ありの救済
規則17〜19

規則 17 ペナルティーエリア

規則の目的:

規則17はペナルティーエリア(球が紛失したり、プレー不能となったりすることが多い水域や、委員会が定めた他のエリア)に対する特別規則である。プレーヤーはそのペナルティーエリアの外からプレーするために1罰打で特定の救済の選択肢を使用することができる。

17.1 ペナルティーエリアの球の選択肢

ペナルティーエリアは赤か黄のいずれかで標示する。この色はプレーヤーの救済の選択肢に影響する(規則17.1d参照)。

プレーヤーはペナルティーエリアからの救済を受けた後を含め、ペナルティーエリアの外の球をプレーするためにそのペナルティーエリアの中に立つことができる。

17.1a　球がペナルティーエリアにある場合

次の場合、球はペナルティーエリアにある:

- 球の一部がペナルティーエリアの縁の内側の地面、または他の物(例えば、自然物や人工物)の上にある、または触れている。

- 球の一部がペナルティーエリアの縁や、ペナルティーエリアの他の部分の上方にある。

球の一部がペナルティーエリアと別のコースエリアの両方にある場合は規則2.2c参照。

17.1b　プレーヤーはペナルティーエリアから球をあるがままにプレーするか、または罰ありの救済を受けることができる

プレーヤーは次のいずれかをすることができる:

- ジェネラルエリアにある球に適用する同じ規則に基づいて罰なしに球をあるがままにプレーする(つまりペナルティーエリアから球をどのようにプレーできるかを制限する特定の規則はない)。

- 規則17.1dか規則17.2に基づいて罰ありの救済を受けることによりそのペナ

ルティーエリアの外から球をプレーする。

例外－ペナルティーエリアのプレー禁止区域による障害から救済を受けなければならない(規則17.1e参照)。

17.1c ペナルティーエリアにあるが、見つからない球に対する救済

プレーヤーの球が見つかっておらず、ペナルティーエリアに止まったことが「分かっている、または事実上確実」である場合:

- プレーヤーは規則17.1dか規則17.2に基づいて罰ありの救済を受けることができる。

- プレーヤーがこの方法で救済を受けるために別の球をインプレーにした時点で:

  » 元の球はもはやインプレーではなく、プレーしてはならない。

  » このことは、その後、捜索時間の3分が終了する前に元の球がコースで見つかった場合でも同じである(規則6.3b参照)。

しかし、球がペナルティーエリアに止まって紛失したことが「分かっている、または事実上確実」ではない場合、プレーヤーは規則18.2に基づくストロークと距離の救済を受けなければならない。

17.1d ペナルティーエリアの球に対する救済

プレーヤーの球がペナルティーエリアにある場合(見つかっていなくてもペナルティーエリアにあることが「分かっている、または事実上確実」な場合を含む)、プレーヤーには次の救済の選択肢がある。それぞれ1罰打で:

(1) <u>ストロークと距離の救済</u>。プレーヤーは直前のストロークを行った場所から元の球か別の球をプレーすることができる(規則14.6参照)。

(2) <u>後方線上の救済</u>。プレーヤーは元の球か別の球(規則14.3参照)を、元の球がそのペナルティーエリアの縁を最後に横切った地点とホールを結ぶ線上で、そのペナルティーエリアの外にドロップすることができる(球をドロップすることができる後方の距離に制限はない)。ドロップしたときにその球が最初に地面に触れた線上の箇所が救済エリアを定め、その救済エリアはその地点からどの方向にも1クラブレングスとなる。しかし、次の制限がある。

- 救済エリアの場所に関する制限:

  » 元の球がペナルティーエリアの縁を最後に横切ったと推定した地点よりホールに近づいてはならない。

  » 同じペナルティーエリア以外であれば、どのコースエリアでもよい。

しかし、

» ドロップしたときに球が最初に触れたのと同じ**コースエリア**でなければならない。

図#1 17.1d：イエローペナルティーエリアの球に対する救済

X 球がペナルティーエリアに
入った地点
● ドロップした球が最初に線上に触れた箇所
● 基点
● 救済エリア

球がイエローペナルティーエリアにあることが分かっているか、事実上確実で、プレーヤーが救済を受けたい場合、そのプレーヤーは**2つの選択肢**がある。それぞれ1罰打でプレーヤーは次のことができる：

(1) 直前のストロークを行った場所に基づき救済エリアから球をプレーすることによってストロークと距離の救済を受ける。

(2) ホールとX点を結んだ後方線上のペナルティーエリアの外に球をドロップすることによって後方線上の救済を受ける。

図#2 17.1d：レッドペナルティーエリアの球に対する救済

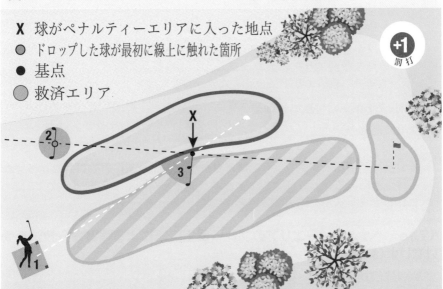

X　球がペナルティーエリアに入った地点
○　ドロップした球が最初に線上に触れた箇所
●　基点
○　救済エリア

球がレッドペナルティーエリアにあることが分かっているか、事実上確実で、プレーヤーが救済を受けたい場合、プレーヤーには**3つの選択肢**がある。それぞれ**1罰打**で、プレーヤーは次のことができる。

(1) 直前のストロークを行った場所に基づき救済エリアから球をプレーすることによってストロークと距離の救済を受ける。

(2) ホールとX点を結んだ後方線上のペナルティーエリアの外に球をドロップすることによって後方線上の救済を受ける。

(3) ラテラル救済を受ける(レッドペナルティーエリアに限る)。救済を受けるための基点はX点で、球は2クラブレングスでX点よりホールに近づかない救済エリアの中にドロップし、その中からプレーしなければならない。

(3) **ラテラル救済(レッドペナルティーエリアに限る)**。球がレッドペナルティーエリアの縁を最後に横切った場合、プレーヤーは元の球か別の球を次の**ラテラル救済エリア**にドロップすることができる(規則14.3参照)：

- 基点：元の球がそのレッドペナルティーエリアの縁を最後に横切ったと推定した地点。

- 基点から計測する**救済エリアのサイズ**：2クラブレングス。しかし、次の制限がある：

- **救済エリアの場所の制限**：

- » 基点より**ホール**に近づいてはならない。

- » 同じペナルティーエリア以外であればどの**コースエリア**でもよい。しかし、

- » 基点から**2クラブレングス**以内に**コースエリア**が複数ある場合、球はその球を**救済エリア**に**ドロップ**したときに最初に触れたのと同じ**コースエリア**の**救済エリア**に止まらなければならない。

規則25.4m(車輪付きの移動器具を使うプレーヤーのために、規則17.1d(3)はラテラル救済エリアを4クラブレングスに拡大するよう修正される)を参照。

委員会の措置、セクション8；ローカルルールひな型B-2(委員会はホールから等距離にあるレッドペナルティーエリアの反対側でのラテラル救済を認めるローカルルールを採用することができる)参照。

17.1e ペナルティーエリアのプレー禁止区域による障害から救済を受けなければならない

次の各状況の場合、プレーヤーはあるがままに球をプレーしてはならない：

(1) **球がペナルティーエリアのプレー禁止区域にある場合**。そのプレーヤーは規則17.1dまたは規則17.2に基づいて罰ありの救済を受けなければならない。

この規則に基づいて救済を受けた後にそのプレーヤーが**プレー禁止区域**からの障害を受ける場合、その球をあるがままにプレーしてはならない。そのプレーヤーは規則16.1f(2)に基づいてさらに救済を受けなければならない。

(2) **コース上のプレー禁止区域がペナルティーエリアの球に対するスタンスやスイングの障害となる**。プレーヤーの球が**プレー禁止区域**(異常なコース状態にあるかペナルティーエリアにあるかにかかわらず)の外のペナルティーエリアにあるが、その**プレー禁止区域**がそのプレーヤーの意図する**スタンス**区域や意図する**スイング**区域の障害となっている場合、プレーヤーは次のいずれかの処置をとらなければならない：

- 規則17.1dまたは規則17.2に基づきそのペナルティーエリアの外で罰ありの救済を受ける。

- 元の球か別の球をそのペナルティーエリアの次の**救済エリア**(救済エリアがある場合)に**ドロップ**することにより罰なしの救済を受ける(規則14.3参照)：

- » **基点**：その**プレー禁止区域**からの**完全な救済のニヤレストポイント**。

» <u>基点から計測する救済エリアのサイズ</u>：1クラブレングス。しかし、次の制限がある：

» <u>救済エリアの場所に関する制限</u>：

- 球が止まっている同じペナルティーエリアでなければならない。

- 基点より**ホール**に近づいてはならない。

(3) 明らかに不合理な場合、救済はない。

次の場合は(2)に基づく**プレー禁止区域**による障害からの罰なしの救済はない：

- プレーヤーが罰なしの救済を受けることが認められていない状態が理由で球をあるがままにプレーすることが明らかに不合理な場合(例えば、球がブッシュの中にあるためそのプレーヤーが**ストローク**を行うことができない場合)。

- プレーヤーがその状況下では明らかに不合理なクラブ、**スタンス**やスイングの種類、プレーの方向を選択することによってのみ、障害が生じる場合。

ペナルティーエリア以外の場所にある球に対して**プレー禁止区域**による障害がある場合にすることについては規則16.1f参照。

規則17.1に違反して誤所から球をプレーしたことに対する罰：規則14.7aに基づく一般の罰。

17.2　ペナルティーエリアから球をプレーした後の選択肢

17.2a　ペナルティーエリアからプレーした球が同じペナルティーエリアか、別のペナルティーエリアに止まった場合

ペナルティーエリアからプレーした球が同じペナルティーエリアか、別のペナルティーエリアに止まった場合、その球をあるがままにプレーすることができる(規則17.1b参照)。

または、1罰打で、プレーヤーは次の選択肢に基づいて救済を受けることができる：

(1) 通常の救済の選択肢。プレーヤーは規則17.1d(1)に基づく**ストロークと距離**の救済か規則17.1d(2)に基づく後方線上の救済を受けることができ、また**レッドペナルティーエリア**については規則17.1d(3)に基づくラテラル救済を受けることができる。

規則17.1d(2)か(3)に基づき、**救済エリア**を決定するために使用する推定される地点はその元の球が今ある**ペナルティーエリア**の縁を最後に横切った所となる。

プレーヤーが**ストロークと距離**の救済を受けるために球を**ペナルティーエリア**に**ドロップ**したが(規則14.6参照)、その後でその**ドロップ**した球が止まった所からプレーしないことにした場合：

- プレーヤーは、規則17.1d(2)か、(3)(レッド**ペナルティーエリア**の場合)、または17.2a(2)に基づいてその**ペナルティーエリア**の外でさらなる救済を受けることができる。

- プレーヤーがそうする場合、そのプレーヤーはさらに1罰打を受けなければならず、合計で2罰打となる：**ストロークと距離**の救済を受けたことに対する1打と、**ペナルティーエリア**の外で救済を受けたことに対する1打。

(2) <u>**追加の救済の選択肢：ペナルティーエリアの外で最後にストロークを行った場所からプレーすること**</u>。(1)に基づく通常の救済の選択肢の1つを使用する代わりに、プレーヤーはその**ペナルティーエリア**の外で最後に**ストローク**を行った場所から元の球か別の球をプレーすることを選択することができる(規則14.6参照)。

図#1 17.2a：ペナルティーエリアからプレーした球が同じペナルティーエリア内に止まる

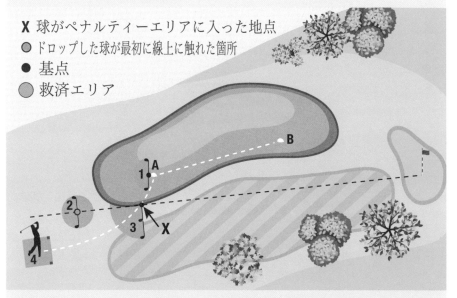

X 球がペナルティーエリアに入った地点
● ドロップした球が最初に線上に触れた箇所
● 基点
● 救済エリア

プレーヤーはティーイングエリアからペナルティーエリア内のA点にプレーをした。プレーヤーはA点からB点にその球をプレーした。プレーヤーが救済を受けることを選んだ場合、1罰打で、**4つの選択肢**がある。プレーヤーは次のことができる：

(1) 直前のストロークを行った場所A点に基づく救済エリアから球をプレーすることによってストロークと距離の救済を受け、第4打としてプレーする。

(2) ホールとX点を結んだ後方線上で、そのペナルティーエリアの外に球をドロップすることによって後方線上の救済を受け、第4打としてプレーする。

(3) ラテラル救済を受ける(レッドペナルティーエリアに限る)。救済を受けるための基点はX点で、球を2クラブレングスでX点よりホールに近づかない救済エリアの中にドロップし、第4打をプレーする。

(4) プレーヤーがそのペナルティーエリアの外で最後にストロークを行った場所となるティーイングエリアから球を第4打としてプレーする。

プレーヤーが選択肢(1)を選んだ後にドロップした球をプレーしないことにした場合、更に1罰打を加え、合計で2罰打でそのプレーヤーはX点を基に後方線上の救済か、ラテラル救済を受けるか、ティーイングエリアから再びプレーすることができ、それは第5打目となる。

図#2 17.2a：ペナルティーエリアからプレーした球が一度出てから再び同じペナルティーエリア内に止まる

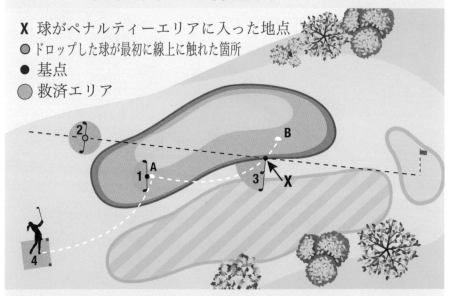

X 球がペナルティーエリアに入った地点
◉ ドロップした球が最初に線上に触れた箇所
● 基点
⬤ 救済エリア

プレーヤーはティーイングエリアからペナルティーエリア内のA点にプレーをした。プレーヤーはA点からその球をプレーし、X点を横切ってB点に止まった。プレーヤーが救済を受けることを選んだ場合、1罰打で、**4つの選択肢**がある。プレーヤーは次のことができる：

(1) 直前のストロークを行った場所A点に基づく救済エリアから球をプレーすることによってストロークと距離の救済を受け、第4打としてプレーする。

(2) ホールとX点(球が最後にペナルティーエリアの縁を横切った地点)を結んだ線上のペナルティーエリアの外に球をドロップすることによって後方線上の救済を受け、第4打としてプレーする。

(3) ラテラル救済を受ける(レッドペナルティーエリアに限る)。救済を受けるための基点はX点となり、球を2クラブレングスでX点よりホールに近づかない救済エリアにドロップしてプレーしなければならず、プレーヤーは第4打をプレーする。

(4) プレーヤーがそのペナルティーエリアの外で最後にストロークを行った場所となるティーイングエリアから球を第4打としてプレーする。

プレーヤーが選択肢(1)を選んだ後にドロップした球をプレーしないことにした場合、更に1罰打を加え、合計で2罰打でそのプレーヤーはX点を基に後方線上の救済か、ラテラル救済を受けるか、ティーイングエリアから再びプレーすることができ、それは第5打目となる。

17.2b　ペナルティーエリアからプレーした球が、アウトオブバウンズ、ペナルティーエリアの外で紛失またはアンプレヤブルとなった場合

プレーヤーがペナルティーエリアから球をプレーした後、元の球が次のいずれかとなったことにより、**ストロークと距離**の救済を受けなければならない場合や、そうすることを選ぶ場合がある:

- アウトオブバウンズやペナルティーエリアの外で**紛失**(規則18.2参照)。

- ペナルティーエリアの外でアンプレヤブル(規則19.2a参照)。

プレーヤーが**ストロークと距離**の救済を受けるために球をペナルティーエリアに**ドロップ**したが(規則14.6参照)、その後でその**ドロップ**した球が止まった所からプレーしないことにした場合:

- プレーヤーは規則17.1d(2)か、(3)(レッドペナルティーエリアの場合)、または規則17.2a(2)に基づいてそのペナルティーエリアの外でさらなる救済を受けることができる。

- プレーヤーがそうする場合、そのプレーヤーはさらに1罰打を受けなければならず、合計で2罰打となる:**ストロークと距離**の救済を受けたことに対する1打と、ペナルティーエリアの外で救済を受けたことに対する1打。

プレーヤーは最初に球をそのペナルティーエリアに**ドロップ**せずに、そのペナルティーエリアの外で直接そのような救済を受けることができる。しかし、この場合も合計で2罰打を受ける。

規則17.2に違反して誤所から球をプレーしたことに対する罰:規則14.7aに基づく一般の罰。

17.3　ペナルティーエリアの球に対して他の規則に基づく救済はない

プレーヤーの球がペナルティーエリアにある場合、次に対する救済はない:

- **異常なコース状態**による障害(規則16.1)。

- **地面にくい込んで**いる球(規則16.3)。

- アンプレヤブルの球(規則19)。

そのプレーヤーの唯一の救済の選択肢は規則17に基づいて罰ありの救済を受けることである。

しかし、危険な**動物**の状態がペナルティーエリアの球のプレーに対して障害となる場合、そのプレーヤーはペナルティーエリアで罰なしの救済、またはペナ

ルティーエリアの外で罰ありの救済を受けることができる(規則16.2b(2)参照)。

規則 18 ストロークと距離の救済、紛失球、アウトオブバウンズ、暫定球

規則の目的：

規則18は、ストロークと距離の罰に基づく救済を受けることを扱っている。球がペナルティーエリア以外の場所で紛失したり、アウトオブバウンズに止まった場合、ティーイングエリアからホールへとプレーすることの連続性が途絶える；そのプレーヤーは直前にストロークを行った場所から再びプレーをすることによってその連続性を取り戻さなければならない。

この規則はインプレーの球がアウトオブバウンズとなったかもしれない、またはペナルティーエリア以外の場所で紛失したかもしれない場合に時間節約のために暫定球をプレーすることができる場合と方法を扱っている。

18.1 ストロークと距離の罰に基づく救済はいつでも認められる

いつでも、プレーヤーは、1罰打を加え、直前の**ストローク**が行われた場所から元の球か別の球をプレーすることによって、**ストロークと距離**の救済を受けることができる(規則14.6参照)。

プレーヤーは常に**ストロークと距離**の救済の選択肢を持っている：

* プレーヤーの球が**コース**上のどこにあっても。

* 規則がプレーヤーに特定の方法で救済を受けることや、特定の場所からプレーすることを求めている場合であっても。

プレーヤーが**ストロークと距離**の罰に基づいて別の球を**インプレー**にした時点で(規則14.4参照)：

* 元の球はもはや**インプレー**の球ではなく、プレーしてはならない。

* このことは、その後、元の球が3分の捜索時間(規則6.3b参照)が終了する前に**コース**上で見つかったとしても同じである。

しかし、このことはプレーヤーが次の場合に直前の**ストローク**を行った所からプレーすることになる球には適用しない：

* プレーヤーが**暫定球**のプレーを宣言する場合(規則18.3b参照)。

* 規則14.7bや規則20.1c(3)に基づいて**ストロークプレー**で第2の球をプレーする場合。

18.2 球が紛失またはアウトオブバウンズ：ストロークと距離の救済を受けなければならない

18.2a 球が紛失またはアウトオブバウンズとなる場合

(1) **球が紛失となる場合**。プレーヤー、またはその**キャディー**が球を捜し始めてから3分以内に見つけることができなければ、その球は**紛失**となる。

球がその時間内に見つかったが、それがプレーヤーの球であるかどうかはっきりしない場合：

- プレーヤーは速やかにその球の確認(規則7.2参照)をしようとしなければならず、3分の球の捜索時間が終わった後であっても、確認をするための合理的な時間が認められる。

- このことには、球が見つかった場所にプレーヤーがいない場合に球の所に行くための合理的な時間が含まれる。

プレーヤーが合理的な時間内に球を自分の球と確認できない場合、その球は**紛失**となる。

(2) **球がアウトオブバウンズとなる場合**。止まっている球全体が**コース**の境界縁の外にある場合にのみ、その球は**アウトオブバウンズ**となる。

次の場合、球はインバウンズとなる：

- 球の一部が境界縁の内側の地面やその他の物(例えば、自然物や人工物)の上にあるか触れている。

- 球の一部が境界縁や**コース**の他の部分の上方にある場合。

プレーヤーは**コース**上の球をプレーするために**アウトオブバウンズ**に立つことができる。

図18.2a：球がアウト・オブ・バウンズとなる場合

球は球全体がコースの境界縁の外にある場合にのみアウトオブバウンズとなる。この図では球がいつインバウンズで、いつアウトオブバウンズとなるのかを明示している。

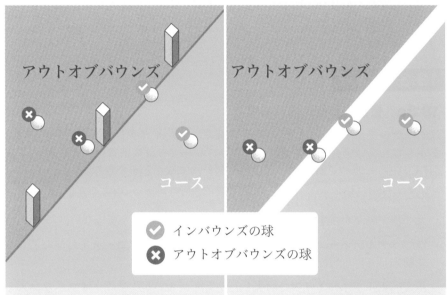

アウトオブバウンズ

コース

アウトオブバウンズ

コース

✓ インバウンズの球

✗ アウトオブバウンズの球

境界縁は杭のコース側を地表レベルで結んだ線によって定められる。そしてその杭はアウトオブバウンズとなる。

境界縁はその線のコース側の縁となり、その線自体はアウトオブバウンズとなる。

18.2b　球が紛失、またはアウトオブバウンズとなった場合に行うこと

球が**紛失**、または**アウトオブバウンズ**となった場合、プレーヤーは、1打の罰を加え、直前の**ストローク**を行った所から元の球か別の球をプレーすることによって**ストロークと距離**の救済を受けなければならない(規則14.6参照)。

例外－球に起きたことが「分かっている、または事実上確実」な場合、プレーヤーは他の規則に基づいて別の球に取り替えることができる：ストロークと距離の救済を受ける代わりに、プレーヤーは自分の球が見つからない場合、または球が次の状態となっていることが「**分かっている、または事実上確実**」な場合に適用する規則に基づいて別の球に**取り替える**ことができる：

- 球が**コース**上に止まり、**外的影響**が**動かした**(規則9.6参照)、または別のプレーヤーが**誤球**としてプレーした(規則6.3c(2)参照)。

- 球が**コース**上の**動かせる障害物**(規則15.2b参照)や**異常なコース状態**(規則16.1e参照)の中や上に止まった。

- 球が**ペナルティーエリア**にある(規則17.1c参照)。

- 他の人が故意に球の方向を変えたり、止めた(規則11.2c参照)。

規則18.2に違反して**誤所**から球をプレーしたことに対する罰:規則14.7aに基づく**一般の罰**。

18.3 暫定球

18.3a 暫定球が認められる場合

球が**ペナルティーエリア**以外の場所で**紛失**、または**アウトオブバウンズ**となったかもしれない場合、時間節約のためにプレーヤーは**ストロークと距離**の罰(規則14.6参照)に基づき暫定的に別の球をプレーすることができる。

このことは次の場合を含む:

- 元の球が見つからず確認できないが、まだ**紛失**にはなっていない。

- 球が**ペナルティーエリア**で**紛失**したかもしれないが、**コース**上の他のどこかで**紛失**している可能性もある。

- 球が**ペナルティーエリア**で**紛失**したかもしれないが、**アウトオブバウンズ**となった可能性もある。

プレーヤーが直前の**ストローク**を行った場所から**暫定球**をプレーする意図を持って**ストローク**を行ったが、その**暫定球**が認められない場合、プレーされたその球は**ストロークと距離**の罰に基づいてそのプレーヤーの**インプレー**の球となる(規則18.1参照)。

暫定球そのものが**ペナルティーエリア**以外の場所で**紛失**、または**アウトオブバウンズ**となったかもしれない場合:

- プレーヤーは別の**暫定球**をプレーすることができる。

- その**暫定球**と最初の**暫定球**の関係は、元の球に対する最初の**暫定球**の関係と同じである。

18.3b 暫定球のプレーを宣言すること

ストロークを行う前に、プレーヤーは**暫定球**をプレーすることを誰かに宣言しなければならない:

- プレーヤーが別の球をプレーすることや再プレーを行うことを単に言うだけでは十分ではない。

- プレーヤーは「暫定球」という言葉か、プレーヤーが規則18.3に基づいて暫定的に球をプレーすることを別の方法で明確に示さなければならない。

プレーヤーが(暫定球をプレーする意思があったとしても)それを誰かに宣言せずに、直前の**ストローク**を行った場所から球をプレーした場合、その球は**ストロークと距離**の罰のもとにそのプレーヤーの**インプレー**の球となる(規則18.1参照)。

しかし、プレーヤーの宣言を聞く人が近くに誰もいなければ、そのプレーヤーは**暫定球**をプレーした後で、**暫定球**をプレーしたことを誰かに告げることができるようになったときに、そうすれば良い。

18.3c 暫定球がインプレーの球となる、または放棄するまでその暫定球をプレーする

(1) **暫定球を続けてプレーする。** プレーヤーは、元の球があると推定する場所と**ホール**から等距離、または**ホール**から遠い所から**暫定球**を続けてプレーする限りにおいては**暫定球**としての状態のままその球でプレーを続けることができる。

このことはその**暫定球**を数回プレーしたとしても同じである。

しかし、(2)に基づいて**暫定球**が**インプレー**の球となったとき、または(3)に基づいて放棄され、したがって**誤球**となったとき、その球は**暫定球**ではなくなる。

(2) **暫定球がインプレーの球となる場合。** 次のいずれかの状況の場合、**暫定球**が**ストロークと距離**の罰のもとにそのプレーヤーの**インプレー**の球となる:

- 元の球がペナルティーエリア以外の**コース**で**紛失**した場合、またはアウトオブバウンズであった場合。元の球はもはや**インプレー**ではなくなり(元の球がその後で３分の捜索時間が終了した後に**コース**上で見つかったとしても)、**誤球**となるのでプレーしてはならない(規則6.3c参照)。

- 元の球があると推定する場所より**ホール**に近い箇所から**暫定球**をプレーした場合。元の球はもはや**インプレー**ではなくなり(元の球がその後で３分の捜索時間が終了する前に**コース**上で見つかったり、推定していた所よりホールに近い所で見つかったとしても)、**誤球**となるのでプレーしてはならない(規則6.3c参照)。

プレーヤーが**暫定球**を元の球と同じような場所にプレーし、どちらの球が元

の球か判別できない場合：

- 2つの球の1つだけが**コース**にある場合、その球が**暫定球**として扱われ、**インプレー**となる。

- 両球とも**コース**で見つかった場合、プレーヤーはその両球のうちの1つを**インプレー**となる**暫定球**として扱うことを選択しなければならず、他の球はもはや**インプレー**ではない元の球として扱われ、プレーしてはならない。

図18.3c：元の球があると推定する場所よりホールに近い箇所からプレーした暫定球

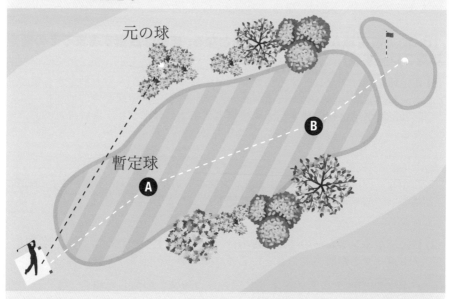

- ティーイングエリアからプレーしたプレーヤーの元の球がブッシュの中で紛失したかも知れないので、そのプレーヤーは暫定球を宣言してプレーし、その暫定球はA点に止まった。

- A点は元の球があると推定する場所よりホールから遠いので、プレーヤーはA点から暫定球を暫定球としての状態のままプレーすることができる。

- プレーヤーはA点からB点に暫定球をプレーした。

- B点は元の球があると推定する場所よりホールに近いので、プレーヤーがB点から暫定球をプレーした場合、その暫定球はストロークと距離の罰のもとにインプレーの球となる。

例外－球に起きたことが「分かっている、または事実上確実」な場合、プレーヤーは他の規則に基づいて別の球に取り替えることができる：プレーヤーの球が見つからず、その球が次の状態となっていることが「分かっている、または事実上確実」な場合、そのプレーヤーには追加の選択肢がある：

- 球が**コース**上に止まり、**外的影響**が**動かした**(規則9.6参照)。

- 球が**コース**上の**動かせる障害物**(規則15.2b参照)や**異常なコース状態**(規則16.1e参照)の中や上に止まった。

- 他の人が故意に球の方向を変えたり、止めた(規則11.2c参照)。

これらの規則の1つを適用する場合、プレーヤーは次のいずれかをすることができる：

- その規則に基づいて別の球に**取り替える**。

- **ストロークと距離**の罰に基づきその**暫定球**を**インプレー**の球として扱う。

(3) **暫定球を放棄しなければならない場合。暫定球**がまだ**インプレー**の球となっていない状況で、次のいずれかの場合には**暫定球**を放棄しなければならない：

- 元の球が、3分の捜索時間が終了する前に**ペナルティーエリア以外のコース**で見つかった場合。プレーヤーはその元の球をあるがままにプレーしなければならない。

- 元の球が**ペナルティーエリア**で見つかった、または**ペナルティーエリア**にあることが「**分かっている、または事実上確実」**な場合。プレーヤーは元の球をあるがままにプレーするか、規則17.1dに基づいて罰ありの救済を受けなければならない。

いずれの場合も：

- プレーヤーはもはや**誤球**(規則6.3c参照)となっているその**暫定球**に一切**ストローク**を行ってはならない。

- **暫定球**を放棄する前の**暫定球**でのすべての**ストローク**(行った**ストローク**と単にその球をプレーしたことに対する罰打を含む)はカウントしない。

プレーヤーが**暫定球**でプレーを続けたい場合、そのプレーヤーは他の人たちに元の球を捜さないように依頼できる、**しかし、彼らに従う義務はない。**

暫定球がまだ**インプレー**の球になっておらず、そして元の球かもしれない球が見つかった場合、そのプレーヤーはその球を確認するために合理的なあらゆる努力をしなければならない。そうしなかった場合、**委員会**がその行動をゲームの精神に反する**重大な違反**であると決定したときは、規則1.2aに基づいてそのプレーヤーを失格とすることができる。

規則 19 アンプレヤブルの球

規則の目的：

規則19はアンプレヤブルの球に対するプレーヤーのいくつかの救済の選択肢を扱っている。この規則はプレーヤーにコース(ペナルティーエリアを除く)の難しい状況から脱出するために通常は1罰打で使用する選択肢を選ぶことを認めている。

19.1 プレーヤーは、ペナルティーエリア以外のどこででも、アンプレヤブルの球の救済を受けることを決めることができる

プレーヤーは、規則19.2や規則19.3に基づいて罰ありの救済を受けることにより自分の球をアンプレヤブルとして扱うことを決定できる唯一の人である。

アンプレヤブルの球の救済は、**ペナルティーエリアを除き**、**コース**上のどこででも認められる。

球が**ペナルティーエリア**でプレーできない場合、プレーヤーの唯一の救済の選択肢は規則17に基づいて罰ありの救済を受けることである。

19.2 ジェネラルエリアやパッティンググリーンでのアンプレヤブルの球に対する救済の選択肢

プレーヤーはいずれも1罰打となる規則19.2a,b,cの3つの選択肢の1つを使用してアンプレヤブルの球の救済を受けることができる。

- 元の球が見つからなかったり、確認できなかったとしても、プレーヤーは規則19.2aに基づいて**ストローク**と**距離**の救済を受けることができる。
- しかし、規則19.2bに基づく後方線上の救済や、規則19.2cに基づくラテラル救済を受けるためには、プレーヤーは元の球の箇所を分かっていなければならない。

19.2a ストロークと距離の救済

プレーヤーは直前の**ストローク**が行われた場所から元の球か別の球をプレーすることができる(規則14.6参照)。

19.2b　後方線上の救済

プレーヤーは元の球か別の球(規則14.3参照) を、元の球の箇所と**ホール**を結ぶ線上で、その元の球の箇所の後方に**ドロップ**することができる(球を**ドロップ**することができる後方の距離に制限はない)。**ドロップ**したときにその球が最初に地面に触れた線上の箇所が**救済エリア**を定め、その**救済エリア**はその地点からどの方向にも1**クラブレングス**となる。しかし、次の制限がある。

- **救済エリア**の場所に関する制限:

  » 元の球の箇所より**ホール**に近づいてはならない。

  » どの**コースエリア**でも良い。しかし、

  » **ドロップ**したときに球が最初に触れたのと同じ**コースエリア**でなければならない。

19.2c　ラテラル救済

プレーヤーは元の球か別の球をラテラル**救済エリア**に**ドロップ**することができる(規則14.3参照):

- 基点:元の球の箇所。しかし、球が地面より上にある場合(例えば、木の上)、基点はその球の箇所の真下の地面の地点となる。

- 基点から計測する**救済エリア**のサイズ:2**クラブレングス**。しかし、次の制限がある:

- **救済エリア**の場所に関する制限:

  » 基点より**ホール**に近づいてはならない。

  » どの**コースエリア**でもよい。しかし、

  » 基点から2**クラブレングス**以内に**コースエリア**が複数ある場合、その球は**救済エリア**に**ドロップ**したときに最初に触れたのと同じ**コースエリア**の**救済エリア**に止まらなければならない。

規則25.4m (車輪付きの移動器具を使うプレーヤーのために、規則19.2cはラテラル救済エリアを4クラブレングスに拡大するよう修正される)を参照。

規則19.2に違反して誤所から球をプレーしたことに対する罰:規則14.7aに基づく一般の罰。

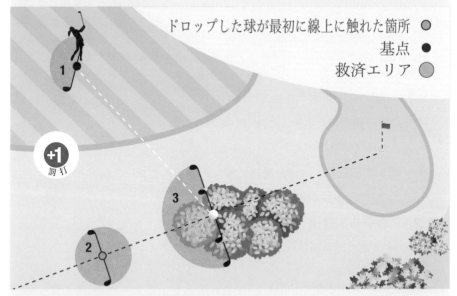

図19.2：ジェネラルエリアのアンプレヤブルの球に対する救済の選択肢

ドロップした球が最初に線上に触れた箇所 ○
基点 ●
救済エリア ○

+1
罰打

プレーヤーはブッシュの中の球をアンプレヤブルにすることを決めた。そのプレーヤーには3つの選択肢があり、それぞれ1罰打を加え、プレーヤーは次のことができる：

(1) 直前のストロークを行った箇所に基づき救済エリアから球をプレーすることによってストロークと距離の救済を受ける。

(2) 元の球の箇所とホールを結んだその元の球の後方線上に球をドロップすることによって後方線上の救済を受ける。

(3) ラテラル救済を受ける。救済を受けるための基点は元の球の箇所で、球は2クラブレングスでその基点よりホールに近づかない救済エリアの中にドロップし、その中からプレーしなければならない。

19.3　バンカーのアンプレヤブルの球に対する救済の選択肢

19.3a　通常の救済の選択肢(1罰打)

プレーヤーの球がバンカーにある場合：

- プレーヤーは規則19.2の選択肢のいずれかに基づいて1罰打でアンプレヤブルの救済を受けることができる。ただし、

- プレーヤーが後方線上の救済(規則19.2b参照)か、ラテラル救済(規則19.2c参照)のいずれかを受ける場合、球をそのバンカー内にドロップし、球はそのバ

ンカー内に止まらなければならない。

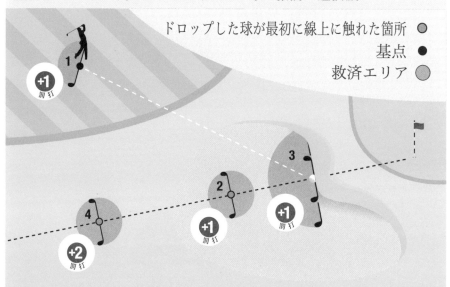

図19.3：バンカー内でアンプレヤブルの球の救済の選択肢

ドロップした球が最初に線上に触れた箇所 ◎
基点 ●
救済エリア ◯

プレーヤーはバンカー内の球をアンプレヤブルであると決めた。そのプレーヤーには4つの選択肢がある。

(1) 1罰打で、プレーヤーはストロークと距離の救済を受けることができる。

(2) 1罰打で、プレーヤーはバンカー内で後方線上の救済を受けることができる。

(3) 1罰打で、プレーヤーはバンカー内でラテラル救済を受けることができる。

(4) 合計で2罰打で、プレーヤーはバンカーの外で後方線上の救済を受けることができる。

19.3b　追加の救済の選択肢(2罰打)

プレーヤーの球がバンカーにある場合の追加の救済の選択肢として、合計2罰打で、プレーヤーは規則19.2bに基づいてバンカーの外側で後方線上の救済を受けることができる。

規則25.4n (車輪付きの移動器具を使うプレーヤーのために、規則19.3bの後方線上の救済は1罰打に軽減される)を参照。

規則19.3に違反して誤所から球をプレーしたことに対する罰：規則14.7aに基づく一般の罰。

VIII

規則を適用するときに問題が生じた場合のプレーヤーと委員会のための処置

規則20

規則 20 ラウンド中の規則問題の解決; レフェリーと委員会による裁定

規則の目的:

規則20はプレーヤーがラウンド中、規則についての疑問がある場合、プレーヤーが後で裁定を得る権利を守ることができる手続き(マッチプレーとストロークプレーでは異なる)を含め、どうするべきかを扱っている。

この規則はまた事実問題を決定し、規則を適用する権限を持つレフェリーの役割を扱っている。レフェリーや委員会の裁定はすべてのプレーヤーに対して拘束力がある。

20.1 ラウンド中に生じた規則問題の解決

20.1a プレーヤーはプレーを不当に遅らせてはならない

プレーヤーは**ラウンド**中に規則の援助を求める際、プレーを不当に遅らせてはならない:

- **レフェリー**や**委員会**が規則問題の援助のために合理的な時間内に現れない場合、プレーヤーは何をするかを決定し、プレーを続けなければならない。

- プレーヤーは、**マッチプレー**では裁定を求めること(規則20.1b(2)参照)、**ストロークプレー**では2つの球をプレーすること(規則20.1c(3)参照)により、自身の権利を守ることができる。

20.1b マッチプレーでの規則問題

(1) 同意による問題解決。ラウンド中、**マッチプレー**のプレーヤーは規則問題の決定方法に同意することができる:

- その同意の内容が規則の下では誤りであることが判明した場合でも、プレーヤーが知っている規則や罰の適用を無視することに同意したのでない限り(規則1.3b(1)参照)、その同意は最終である。

- しかし、**レフェリー**がマッチに同行する場合、そのレフェリーは時間内に気づいたすべての問題を裁定しなければならず(規則20.1b(2)参照)、プレーヤーはその裁定に従わなければならない。

レフェリーがいないときに、プレーヤーが規則をどのように適用するのかについて同意していない、または疑問がある場合、どちらのプレーヤーも規則

20.1b(2)に基づいて裁定を求めることができる。

(2) **マッチの結果が最終となる前にした裁定の要請**。プレーヤーが**レフェリー**や**委員会**に規則を自分自身や**相手**のプレーに対してどのように適用するのかを決定して欲しい場合、プレーヤーは裁定を要請することができる。

レフェリーや**委員会**が合理的な時間内に現れない場合、**レフェリー**や**委員会**が対応できるようになったときに後で裁定を求めることを**相手**に知らせることによってプレーヤーは裁定を要請することができる。

マッチの結果が最終となる前にプレーヤーが裁定を要請した場合：

- 次の時限内にその要請をした場合にだけ裁定を与える。その時限は規則問題が生じた事実にプレーヤーがいつ気づいたのかによる：

  - » どちらかのプレーヤーがマッチの最終**ホール**をスタートする前にプレーヤーがその事実に気づいた場合。プレーヤーがその事実に気づいた場合、その裁定はどちらかのプレーヤーが別の**ホール**を始めるための**ストローク**を行う前に要請しなければならない。

  - » そのマッチの最終**ホール**をプレー中、または終了した後にプレーヤーがその事実に気づいた場合。その裁定の要請はマッチの結果が最終となる前にしなければならない(規則3.2a(5)参照)。

- プレーヤーがこの時限内に裁定を要請しなかった場合、**レフェリー**や**委員会**は裁定を与えず、問題の**ホール**の結果は、たとえ規則を誤った方法で適用していたとしても、そのままである。

プレーヤーがすでに終了した**ホール**について裁定を要請した場合、次の3つ全てを満たした場合にだけ裁定を与える：

- **相手**が規則3.2d(1)(すでに行った**ストローク**数を正しく教えなかった)、または規則3.2d(2)(罰についてプレーヤーに教えなかった)に違反していた場合。

- その要請がどちらかのプレーヤーがプレーしている**ホール**を始めるための**ストローク**を行う前には気づかなかった事実に基づくもの、または**ホール**と**ホール**の間にいた場合は終了したばかりの**ホール**のプレーを始めるための**ストローク**を行う前には気づかなかった事実に基づく。

- これらの事実に気づいた後、プレーヤーが時限内に裁定を要請する(上記に示した通り)。

(3) **マッチの結果が最終となった後に裁定を要請する**。マッチの結果が最終となった後にプレーヤーが裁定を要請する場合：

- **委員会は次の要件の両方を満たす場合にだけプレーヤーに裁定を与える:**

  - » その要請がマッチの結果が最終となる前にはプレーヤーが気づかなかった事実に基づく。

  - » **相手**が規則3.2d(1)(すでに行った**ストローク**数を正しく教えなかった)、または規則3.2d(2)(罰についてプレーヤーに教えなかった)に違反しており、そのマッチの結果が最終となる前に気づいていた場合。

- このような裁定を与えることに関する時限はない。

(4) 2つの球をプレーする権利はない。マッチでの正しい処置について疑問があるプレーヤーが2つの球で**ホール**を終えることは認められない。その処置は**ストロークプレー**だけに適用する(規則20.1c参照)。

20.1c　ストロークプレーでの規則問題

(1) 同意によって規則問題を決定する権利はない。レフェリーや**委員会**が規則問題を援助するために合理的な時間内に現れない場合:

- プレーヤーが規則を適用するときにお互いを援助することは勧められる。しかし、同意によって規則問題を決定する権利はなく、両者が同意しても、その同意はプレーヤー、**レフェリー**、委員会を拘束しない。

- プレーヤーは自分の**スコアカード**を提出する前に**委員会**に規則問題を提起するべきである。

(2) プレーヤーは競技の他の参加者を守るべきである。すべての他のプレーヤーの利益を守るために:

- プレーヤーが別のプレーヤーが規則の違反をした(または違反したかもしれない)のにその別のプレーヤーがそのことに気づいていない、または無視していることを知っている、またはそう思う場合、そのプレーヤーはその別のプレーヤー、そのプレーヤーの**マーカー**、**レフェリー**、または、**委員会**に知らせるべきである。

- これはその問題に気づいた後で速やかに行うべきであり、不可能でない限り、その別のプレーヤーが**スコアカード**を提出する前に行うべきである。

  プレーヤーがそうしなかった場合、**委員会**はそれがゲームの精神に反する重大な非行であると裁定したときは、規則1.2aに基づいてそのプレーヤーを失格とすることができる。

(3) 正しい処置について疑問がある場合、2つの球をプレーすること。ホールのプレー中に正しい処置について疑問がある場合、罰なしに2つの球をプレー

してその**ホール**を終了することができる：

- プレーヤーはその疑問となる状況が生じた後、次の**ストローク**を行う前に、2つの球をプレーすることを決めなければならない。

- プレーヤーは、その球に対して用いた処置を規則が認める場合、どちらの球をカウントするのかを選び、**ストローク**を行う前に**マーカー**か別のプレーヤーに知らせるべきである。

- プレーヤーが時間内に選択をしない場合、先にプレーした球が自動的に選択した球として扱われる。

- プレーヤーは、両方の球が同じスコアであったとしても、**スコアカード**を提出する前にその状況の事実を**委員会**に報告しなければならない。プレーヤーがそうしなかった場合、**失格**となる。

- 第2の球をプレーすることを決定する前に**ストローク**を行った場合：

  » この規則はいっさい適用せず、プレーヤーが第2の球をプレーすることを決定する前にプレーした球でのスコアをカウントする。

  » しかし、第2の球をプレーしたことに対する罰はない。

この規則に基づいてプレーした第2の球は、規則18.3に基づく**暫定球**と同じではない。

(4) **ホールのスコアに関する委員会の裁定**。プレーヤーが(3)に基づいて2つの球をプレーした場合、**委員会**は次の方法でその**ホール**のプレーヤーのスコアを決定する：

- 規則がその球に対してとった処置を認める場合、選択した球(プレーヤーが選んだ球か、自動的に選ばれた球かにかかわらず)のスコアをカウントする。

- 規則がその球に対してとった処置を認めない場合、規則が他の球に対してとった処置を認める場合はその他の球でプレーしたスコアをカウントする。

- 規則が両方の球に対してとった処置を認めない場合、選択した球(プレーヤーが選んだ球か自動的に選ばれた球かにかかわらず)でのスコアをカウントする。しかしながら、**誤所からの重大な違反**がある場合は、他の球でのスコアをカウントする。

- 両方の球に**誤所からのプレーの重大な違反**がある場合、そのプレーヤーは**失格**となる。

- カウントしない球でのすべての**ストローク**(行った**ストローク**と単にその球をプレーしたことに対する罰打を含む)はそのプレーヤーのその**ホール**のスコアにはカウントしない。

「規則がとった処置を認める」とは：(a)元の球をあるがままにプレーし、その場所からのプレーを認めている、または(b)プレーした球が規則に基づく正しい方法と正しい場所で、正しい手続きで**インプレー**にされた、のいずれかを意味する。

20.2　規則に基づく問題に関する裁定

20.2a　レフェリーによる裁定

レフェリーは事実問題を決定し、規則を適用するために**委員会**によって指名されたオフィシャルである。

レフェリーは裁定を行う前に**委員会**の援助を受けることができる。

レフェリーによる事実の裁定や規則の適用方法にプレーヤーは従わなければならない。

プレーヤーは**レフェリー**の裁定を**委員会**に上訴する権利を持たないが、裁定が行われた後に、**レフェリー**は次のことができる：

- 他の**レフェリー**からセカンドオピニオンを受けること。
- 裁定を再検討のために**委員会**に照会すること。

しかし、その義務はない。

レフェリーの裁定は最終である。**レフェリー**はプレーヤーが規則違反をすることを承認した場合、そのプレーヤーに罰はない。**しかし、その誤りを**レフェリーや**委員会**が訂正することができる状況については、規則20.2d参照。

20.2b　委員会による裁定

裁定を与える**レフェリー**がいない場合、または**レフェリー**が裁定を**委員会**に照会する場合：

- その裁定は**委員会**が与えることになる。
- その**委員会**の裁定は最終である。

委員会が裁定を下すことができない場合、その問題をR&Aの規則**委員会**に問い合わせることができ、その裁定は最終である。

20.2c　ビデオの証拠を使用する場合に適用する「肉眼」基準

委員会が裁定を行うときに事実問題を決定する場合、ビデオの証拠の使用は「肉眼」基準によって制限される：

- ビデオに映る事実が肉眼で合理的に見ることができない場合、そのビデオの証拠が規則違反を示していたとしても採用しない。

- しかし、「肉眼」基準に基づいてビデオの証拠を採用しないときでも、プレーヤーが違反を証明する事実に別の方法で気づいた場合は規則違反が分かることがある(例えば、肉眼で見えていなかったとしても**バンカー**の砂にクラブで触れたことをプレーヤーが感じた場合)。

20.2d　間違った裁定と運営上の誤り

(1) **間違った裁定**。間違った裁定は**レフェリー**や**委員会**が規則を適用しようとしたが、間違って適用したときに発生する。間違った裁定の例には以下を含む：

- 間違った罰を適用する、または罰を適用しない。

- 適用しない規則、存在しない規則を適用する。

- 規則を誤解し、それを間違って適用する。

レフェリーや**委員会**による裁定が間違っていることが後で分かった場合、可能であれば規則に基づいてその裁定を訂正する。訂正をするには遅すぎる場合、その間違った裁定が有効となる。

プレーヤーが、**ラウンド**中や規則5.7aに基づくプレーの中断中に**レフェリー**や**委員会**の指示をやむを得ない理由により誤解をして規則の違反となる行動をした場合(例えば、規則で認められていないのに**インプレー**の球を拾い上げた)、罰はなく、その指示は誤った裁定と同様に扱われる。

委員会の措置、セクション6C(誤った裁定があったとき委員会がするべきこと)参照。

(2) **運営上の誤り**。運営上の誤りは競技の運営に関する手続き上の誤りであり、マッチの結果が最終となっていたり、**ストロークプレー**競技が終了していたとしても、そのような誤りを訂正することについて時限はない。運営上の誤りは、間違った裁定とは異なる。運営上の誤りの例には次のことを含む：

- **ストロークプレー**のタイの結果の計算の誤り。

- 間違ったプレーヤーを競技の勝者にしたハンディキャップの計算の誤り。

- 勝者のスコア掲示を誤り、間違ったプレーヤーに賞を授与。

これらの状況では、その誤りは訂正されるべきで、それに従って競技の結果は修正されるべきである。

20.2e マッチの結果が最終となった後、または競技が終了した後にプレーヤーを失格とすること

(1) **マッチプレー**。規則1.2(重大な非行)や規則1.3b(1)(故意に罰を適用しない、または知っている規則や罰を適用しないことに別のプレーヤーと同意すること)に基づいてプレーヤーを失格とすることに時限はない。

この失格はマッチの結果が最終となった後であっても適用することができる(規則3.2a(5)参照)。

委員会がマッチの結果が最終となった後に要請された裁定を与える場合については、規則20.1b(3)参照。

(2) **ストロークプレー**。通常、**ストロークプレー**競技の終了後は罰を追加したり、訂正してはならない。競技は次の場合に終了する:

- **委員会**が定めた方法で結果が最終となったとき。
- **マッチプレー**のための**ストロークプレー**予選競技の場合、プレーヤーが自分の最初のマッチを始めるために**ティーオフ**したとき。

しかし、競技が終了した後であっても、次の場合にはプレーヤーを**失格**としなければならない:

- プレーヤーが、1ホールでも実際のスコアより少ないスコアを提出した。ただし、罰を受けていたことを競技が終了する前には知らなかった1打または複数の罰打を含めなかったことがその少ないスコアの理由であるときを除く(規則3.3b(3)参照)。
- プレーヤーが、競技終了前に、罰が失格となる他の規則に違反していることを知っていた。
- プレーヤーが知っている規則や罰の適用を無視することに別のプレーヤーと同意した(規則1.3b(1)参照)。

委員会は、競技が終了した後に規則1.2(重大な非行)に基づいてプレーヤーを失格とすることもできる。

20.2f 参加資格がないプレーヤー

競技に参加したプレーヤーには競技の条件に従った参加資格がないことが分

かった場合，競技の結果を訂正する時限はない。このことはマッチの結果が最終となった後や、**ストロークプレー**競技が終了した後であっても適用する。

こうした状況では、そのプレーヤーは失格となるのではなく、その競技にエントリーしていなかったものとして扱われ、それに応じて競技の結果は修正される。

20.3　規則が扱っていない状況

規則が扱っていない状況は**委員会**が裁定するべきである：

- すべての状況を考慮すること。
- 合理的で、フェアで、規則が扱っている類似の状況と一貫性を持った方法でその状況を扱うこと。

JAPAN GOLF ASSOCIATION
http://www.jga.or.jp

IX

プレーの他の形式
規則21〜24

規則 21 個人ストロークプレーとマッチプレーの他の形式

規則の目的：

規則21は、通常のストロークプレーとは異なったスコアリングのストロークプレーの3つの形式：ステーブルフォード(ホールごとに与えられたポイントによるスコアリング)；最大スコア(各ホールのスコアの最大を制限する)；パー/ボギー(マッチプレーのスコアリングをホールごとに使用する)を含む個人プレーの他の形式を4つ扱っている。

21.1 ステーブルフォード

21.1a ステーブルフォードの概要

ステーブルフォードはストロークプレーの1つの形式で、次のものをいう：

- プレーヤーやサイドのホールのスコアは、そのプレーヤーやサイドのホールのストローク数(行ったストロークと罰打を含む)と委員会が設定したそのホールに決められた目標スコアとを対比して与えられるポイントに基づく。

- すべてのラウンドを終了し、最高点で終えたプレーヤーやサイドが競技の勝者となる。

規則1〜20で定めているストロークプレーの規則を適用するが、これらの特別規則によって修正される。規則21.1は次のために規定されている：

- スクラッチ競技。しかし、ハンディキャップ競技にも採用することができる。

- 個人プレー競技。しかし、パートナーを伴う競技にも採用できるが、規則22(フォアサム)、規則23(フォアボール)により修正され、ティーム競技については規則24により修正される。

21.1b ステーブルフォードのスコアリング

(1) ポイントを獲得する方法。プレーヤーのスコアと、そのホールの決められた目標スコア(委員会が別の決められた目標スコアを設定していなければ、パー)とを対比することにより各ホールにポイントが与えられる：

プレーしたホールで	ポイント
決められた目標スコアより2打以上多いか、スコアの申告がないとき	0
決められた目標スコアより1打多いとき	1
決められた目標スコアと同じとき	2
決められた目標スコアより1打少ないとき	3
決められた目標スコアより2打少ないとき	4
決められた目標スコアより3打少ないとき	5
決められた目標スコアより4打少ないとき	6

プレーヤーがいかなる理由であっても規則に基づいてホールアウトしなかった場合には、そのホールは0ポイントとなる。

プレーのペースを支援するため、プレーヤーが自分のスコアが0ポイントとなったときには、そのホールのプレーを止めることを推奨する。

プレーヤーがホールアウトしたり、ホールアウトしないことを選んだり、自分のスコアでは0ポイントとなったときには、そのホールは終了となる。

(2) **各ホールのスコアの記入**。**スコアカード**にホールのスコアを記入するための規則3.3bの要件を満たすために：

- ホールをホールアウトして終了した場合：

  » ポイントを獲得する結果となるとき。**スコアカード**に実際のスコアを記入しなければならない。

  » 0ポイントの結果となるとき。**スコアカード**にスコアを記入しないか、または0ポイントを獲得する結果となる何らかのスコアを記入しなければならない。

- ホールをホールアウトしないで終了した場合。プレーヤーが規則に基づいてホールアウトしていない場合、**スコアカード**にスコアを記入しないか、0ポイントを獲得する結果となる何らかのスコアを記入しなければならない。

委員会はプレーヤーが各ホールで獲得したポイントを計算する責任がある。ハンディキャップ競技では、ポイントを計算する前にハンディキャップ**ストローク**を各ホールに記入されたスコアに適用する責任がある。

委員会の措置、セクション5A(5)(競技の条件で、委員会はプレーヤーにそのスコアカードの各ホールで獲得するポイントも記入するよう推奨することはできるが、要求することはできない)参照。

図21.1b：スクラッチ・ステーブルフォードのスコアリング

Name: *John Smith*　　　　　　Date: 01/03/23

Hole	1	2	3	4	5	6	7	8	9	Out
Yardage	445	186	378	387	181	533	313	412	537	3372
Par	4	3	4	4	3	5	4	4	5	36
J.Smith	3	3	5	4	4	7	5	4	5	40
Points	3	2	1	2	1	0	1	2	2	14

Hole	10	11	12	13	14	15	16	17	18	In	Total
Yardage	206	424	397	202	541	150	593	137	401	3051	6423
Par	3	4	4	3	5	3	5	3	4	34	70
J.Smith	3	4	6	3	4	3	4	5	4	36	76
Points	2	2	0	2	3	2	3	0	2	16	30

責任:
- ○ 委員会
- ○ プレーヤー
- ◉ プレーヤーと マーカー

マーカー 署名

プレーヤー 署名

21.1c　ステーブルフォードの罰

ストロークプレーで適用するすべての罰はステーブルフォードに適用する。ただし、次の5つの規則のいずれかに違反したプレーヤーは失格とはならない。しかし、違反が起きたホールは0ポイントとなる。

- 規則3.3cに基づくホールアウトをしない。

- ホールのスタートでティーイングエリアの外からプレーした誤りを訂正しない(規則6.1b(2)参照)。

- 誤球のプレーの誤りを訂正しない(規則6.3c参照)。

- 重大な違反がある誤所からのプレーの誤りを訂正しない(規則14.7b参照)。

- 間違った順番でストロークを行った誤りを訂正しない(規則22.3参照)。

プレーヤーが失格の罰となる他の規則のいずれかに違反した場合、そのプレーヤーは失格となる。

罰打を適用した後、そのプレーヤーのホールのステーブルフォードのスコアが0ポイントより少なくなることはない。

21.1d　ステーブルフォードでの規則11.2に対する例外

規則11.2は次の状況には適用しない：

そのホールで1ポイントを獲得するためにはプレーヤーの動いている球が**ホールに入る**必要がある場合で、その球が**ホールに入る**合理的な可能性がないときに誰かによって故意に方向を変えられたり、止められたときは、その人には罰はなく、そのプレーヤーのそのホールは0ポイントとなる。

21.1e　ステーブルフォードでラウンドが終わるとき

次のとき、プレーヤーのラウンドは終わる：

- 自分の最終ホールをホールアウトしたとき(例えば規則6.1や規則14.7bに基づく誤りの訂正を含む)。

- その最終ホールをホールアウトしないことを選択したとき、またはそのホールでもはや1ポイント以上を獲得できないとき。

21.2　最大スコア

21.2a　最大スコアの概要

最大スコアはストロークプレーの1つの形式で、プレーヤーや**サイド**のホールのスコアを**委員会**が設定した最大の**ストローク**数(例えば、パーの2倍、決められた数、またはネットダブルボギー)に制限する形式である。

規則1〜20で定めている**ストロークプレー**の規則を適用するが、これらの特別規則によって修正される。規則21.2は次のために規定されている：

- スクラッチ競技。しかし、ハンディキャップ競技にも採用することができる。

- 個人プレー競技。しかし、**パートナー**を伴う競技にも採用できるが、規則22(フォアサム)や規則23(フォアボール)により修正され、ティーム競技については規則24により修正される。

21.2b　最大スコアのスコアリング

(1) プレーヤーのホールのスコア。プレーヤーのホールのスコアはそのプレーヤーの**ストローク**数(行った**ストローク**と罰打を含む)に基づく。ただし、実際のスコアが**最大スコア**を超えたとしても、そのプレーヤーのスコアは**最大スコア**にしかならない。

プレーヤーがいかなる理由であっても規則に基づいてホールアウトしなかった場合には、そのホールのスコアは**最大スコア**となる。

プレーのペースを支援するため、プレーヤーが自分のホールのスコアが**最大スコア**に到達した場合には、そのホールのプレーを止めることを推奨する。

プレーヤーがホールアウトしたり、ホールアウトしないことを選んだり、**最大スコア**に達したときに、そのホールは終了となる。

(2) <u>各ホールのスコアの記入</u>。**スコアカード**にホールのスコアを記入するための規則3.3bの要件を満たすために：

- <u>ホールをホールアウトして終了した場合</u>。

  - » <u>スコアが**最大スコア**より少ないとき</u>。**スコアカード**に実際のスコアを記入しなければならない。

  - » <u>スコアが**最大スコア**以上のとき</u>。**スコアカード**にスコアを記入しないか、または**最大スコア**以上の何らかのスコアを記入しなければならない。

- <u>ホールをホールアウトしないで終了した場合</u>。プレーヤーが規則に基づいてホールアウトしていない場合、**スコアカード**にスコアを記入しないか、または**最大スコア**以上の何らかのスコアを記入しなければならない。

委員会は**スコアカード**にスコアが記入されていない、または**最大スコア**を超えるスコアが記入されているすべてのホールについて、プレーヤーのスコアを**最大スコア**に調整する責任があり、ハンディキャップ競技では、各ホールの結果を決定する前に、ハンディキャップ**ストローク**を適用する責任がある。

21.2c　最大スコアの罰

ストロークプレーに適用するすべての罰を**最大スコア**にも適用する。ただし、以下の5つの規則のいずれかに違反したプレーヤーは失格とはならない。しかし、違反が起きたホールは**最大スコア**となる：

- 規則3.3cに基づく**ホールアウト**をしない。

- ホールのスタートで**ティーイングエリア**の外からプレーした誤りを訂正しない(規則6.1b(2)参照)。

- **誤球**のプレーの誤りを訂正しない(規則6.3c参照)。

- **重大な違反**である**誤所**からのプレーの誤りを訂正しない(規則14.7b参照)。

- 間違った順番で**ストローク**を行った誤りを訂正しない(規則22.3参照)。

プレーヤーが失格の罰となる他の規則に違反した場合、そのプレーヤーは**失格**

となる。

罰打を適用した後、プレーヤーのホールのスコアは**委員会**が設定した**最大スコア**を超えることはない。

21.2d 最大スコアでの規則11.2に対する例外

規則11.2は次の状況には適用しない：

そのホールを**最大スコア**より1打少ないスコアとするためにはプレーヤーの動いている球が**ホール**に入る必要がある場合で、その球が**ホール**に入る合理的な可能性がないときに、誰かによって故意に方向を変えられたり、止められたときは、その人に罰はなく、そのプレーヤーのそのホールのスコアは**最大スコア**となる。

21.2e 最大スコアでラウンドが終わるとき

次のとき、プレーヤーの**ラウンド**は終わる：

- 自分の最終ホールをホールアウトしたとき(例えば規則6.1や規則14.7bに基づく誤りの訂正を含む)。

- その最終ホールをホールアウトしないことを選択したとき、またはそのホールでもはや**最大スコア**となったとき。

21.3 パー/ボギー

21.3a パー/ボギーの概要

パー/ボギーは**ストロークプレー**の1つの形式で、**マッチプレー**と同じスコアリング方式を使用する：

- プレーヤーや**サイド**は、**委員会**が設定した各ホールの決められた目標スコアよりも少ない(または多い)**ストローク**数でホールを終了することにより、ホールの勝ち(または負け)となる。

- ホールの負け数に対してホールの勝ち数の合計が最も多い(つまり、勝ちホール数を足し、負けホール数を差し引いた値が最も多い)プレーヤーや**サイド**がその競技の勝者となる。

規則1〜20で定めている**ストロークプレー**の規則を適用するが、これらの特別規則によって修正される。規則21.3は次のために規定されている：

- スクラッチ競技。しかし、ハンディキャップ競技にも採用することができる。

- 個人プレー競技。しかし、**パートナー**を伴う競技にも採用できるが、規則

22(フォアサム)や規則23(フォアボール)により修正され、ティーム競技については規則24により修正される。

21.3b パー/ボギーのスコアリング

(1) **ホールの勝ち・負けの決定方法**。スコアリングは**マッチプレー**と同様で、プレーヤーの**ストローク**数(行った**ストローク**と罰打を含む)と**委員会**が設定した決められた目標スコア(通常はパーかボギー)とを対比することによりホールの勝ち・負けを決定する:

- プレーヤーのスコアが決められたスコアより少ない場合、そのホールの勝ちとなる。

- プレーヤーのスコアが決められたスコアと同じ場合、そのホールはタイとなる(通称「ハーフ」)。

- プレーヤーのスコアが決められたスコアより多い場合、またはそのホールのスコアを申告しなかった場合、そのホールの負けとなる。

プレーヤーがいかなる理由であっても規則に基づいてホールアウトしなかった場合には、そのホールは負けとなる。

プレーのペースを支援するため、プレーヤーは自分のスコアが決められたスコアを超えた場合(そのホールの負けとなるので)はそのホールのプレーを止めることを推奨する。

プレーヤーがホールアウトしたり、ホールアウトしないことを選んだり、またはそのプレーヤーのスコアが決められたスコアを超えたときにそのホールは終了となる。

(2) **各ホールのスコアの記入**。**スコアカード**にホールのスコアを記入するための規則3.3bの要件を満たすために:

- ホールをホールアウトして終了した場合:

  » スコアが、ホールの勝ち、またはタイとなるとき。**スコアカード**に実際のスコアを記入しなければならない。

  » スコアが、ホールの負けとなるとき。**スコアカード**にスコアを記入しないか、そのホールが負けとなる何らかのスコアを記入しなければならない。

- ホールをホールアウトしないで終了した場合。プレーヤーが規則に基づいてホールを終了していない場合、**スコアカード**にスコアを記入しないか、そのホールが負けとなる何らかのスコアを記入しなければならない。

委員会はプレーヤーが各ホールを勝ったのか、負けたのか、タイ(ハーフ)なのかを決定する責任があり、ハンディキャップ競技では、ハンディキャップストロークをそのホールの結果を決定する前に各ホールに記入されたスコアに適用する責任がある。

例外－ホールの結果に影響しなければ罰はない：プレーヤーが実際のスコアより少ないホールのスコアで**スコアカード**を提出したが、ホールの勝ち負け、またはタイに影響を及ぼさなかった場合、規則3.3bに基づく罰はない。

委員会の措置、セクション5A(5)(競技の条件で、委員会はプレーヤーにスコアカードにホールの結果を記入するよう推奨することはできるが、要求することはできない)参照。

21.3c パー/ボギーの罰

ストロークプレーで適用するすべての罰はパー/ボギーに適用する。ただし、次の5つの規則のいずれかに違反したプレーヤーは失格とはならない。しかし、違反が起きた**ホールの負け**となる。

- 規則3.3cに基づく**ホールアウト**をしない。

- ホールのスタートで**ティーイングエリア**の外からプレーした誤りを訂正しない(規則6.1b(2)参照)。

- **誤球**のプレーの誤りを訂正しない(規則6.3c参照)。

- **重大な違反**がある**誤所**からのプレーの誤りを訂正しない(規則14.7b参照)。

- 間違った順番で**ストローク**を行った誤りを訂正しない(規則22.3参照)。

プレーヤーが失格の罰となる他の規則のいずれかに違反した場合、そのプレーヤーは**失格**となる。

罰打を適用した後、そのプレーヤーがそのホールの負けよりも悪くなることはない。

21.3d パー/ボギーでの規則11.2に対する例外

規則11.2は次の状況には適用しない：

そのホールをタイとするためにはプレーヤーの動いている球が**ホール**に入る必要がある場合で、その球が**ホール**に入る合理的な可能性がないときに、誰かによって故意に方向を変えられたり、止められたときは、その人に罰はなく、そのプレーヤーのそのホールの負けとなる。

21.3e　パー/ボギーでラウンドが終わるとき

次のとき、プレーヤーのラウンドは終わる：

- 自分の最終ホールをホールアウトしたとき(例えば規則6.1や規則14.7bに基づく誤りを訂正することを含む)。

- その最終ホールをホールアウトしないことを選択したとき、またはすでにそのホールの負けとなったとき。

21.4　スリーボールマッチプレー

21.4a　スリーボールマッチプレーの概要

スリーボールマッチプレーはマッチプレーの形式で、次のものをいう：

- 3人の各プレーヤーが同時に他の2人のプレーヤーと個別にマッチをプレーする。

- 各プレーヤーは、1つの球をプレーし、その球を両方のマッチに使用する。

規則1〜20で定めている**マッチプレー**の規則を個々の3つのマッチすべてに適用する。ただし、1つのマッチで規則を適用することが、もう1つのマッチでは矛盾する可能性のある2つの状況ではこれらの特別規則が適用される。

21.4b　違った順番でプレー

マッチでプレーヤーが違った順番でプレーした場合、最初にプレーするべきであった**相手**は、規則6.4a(2)に基づいてその**ストローク**を取り消すことができる：

プレーヤーが両方のマッチで違った順番でプレーした場合、各相手はそのプレーヤーとのマッチでのその**ストローク**を取り消すかどうかを選ぶことができる。

プレーヤーの**ストローク**が一方のマッチだけで取り消された場合：

- そのプレーヤーは他のマッチでは元の球でプレーを続けなければならない。

- このことは、プレーヤーは各マッチで別々の球をプレーすることによりそのホールを終えなければならないことを意味する。

21.4c　相手のうちの1人が拾い上げた、または動かした球やボールマーカー

相手のうちの1人がプレーヤーの球や**ボールマーカー**を拾い上げたり、動かす原因となったことに対して規則9.5bや規則9.7bに基づいて1罰打を受ける場合、罰はそのプレーヤーとのマッチにだけ適用する。

その相手のうちの1人は他のプレーヤーとのマッチでは罰を受けない。

21.5 ゴルフプレーの他の形式

特定のプレー形式のみを規則3, 規則21, 規則22, 規則23で特別に扱っているが、ゴルフは他にも多くのプレー形式(例えば、スクランブル、グリーンサム)でプレーすることもできる。

こうしたプレー形式や他のプレー形式のプレーを管理するために規則を順応させる可能性がある。

委員会の措置、セクション9(他の一般的なプレー形式に対して規則を順応させる際に推奨される方法)参照。

規則 22 フォアサム (通称「オルタネートショット」)

規則の目的:

規則22はフォアサム(マッチプレーかストロークプレーのいずれかでプレーする)を扱っている。フォアサムは2人のパートナーが1つのサイドとして1つの球を交互にプレーする。このプレー形式のための規則は、ホールをスタートするためにパートナーたちが交互にティーオフし、交互にプレーしてホールを終えることを除いては、個人プレーに対するものと本質的に同じである。

22.1 フォアサムの概要

フォアサム(通称「オルタネートショット」)はパートナーを伴うプレー形式(マッチプレーかストロークプレーのいずれか)で、2人のパートナーが1つのサイドとして各ホールで1つの球を交互にプレーして競技する。

規則1〜20はこのプレー形式(個人のプレーヤーを扱うのと同じ方法で1つの球をプレーするサイドを扱う)に適用するが、これらの特別規則によって修正される。

この形式の変形はスリーサムとして知られるマッチプレーの1つの形式である。スリーサムは個人のプレーヤーが2人のパートナー(次の特別規則に基づいて交互にプレーをする)からなる1つのサイドに対して競技する。

22.2 パートナーはいずれもサイドのために行動することができる

2人のパートナーは1つの球のみをプレーする1つのサイドとして競う。したがって:

- いずれのパートナーもストロークを行う前にそのサイドに対して認められる行動をとることができる。例えば、その球の箇所をマークすること、拾い上げること、リプレースすること、ドロップすること、そしてプレースすること(そのサイドとして次にどちらのパートナーがプレーする順番なのかは関係ない)。

- パートナーとそのキャディーは他のパートナーのキャディーが援助することが認められる方法で他のパートナーを援助することができる(例えば、アドバイスを与えたり、求めること、そして規則10に基づいて認められる他の行動)。しかし、パートナーとそのキャディーは他のパートナーのキャディーに

規則が認めていない援助を与えてはならない。

- いずれのパートナーかいずれのキャディーがとった行動や規則違反はそのサイドに適用する。

ストロークプレーでは、パートナーのうち1人だけがそのサイドのスコアカードを証明する必要がある(規則3.3b参照)。

22.3 サイドはストロークを交互に行わなければならない

各ホールで、パートナーたちはサイドのために各ストロークを交互に行わなければならない:

- パートナーは各ホールのティーイングエリアから最初にプレーする順番を交互としなければならない。

- ホールのティーイングエリアからのそのサイドの最初のストロークの後、パートナーたちはそのホールの残りのストロークを交互に行わなければならない。

- ストロークが取り消される、再プレーされる、または他の規則に基づいてストロークをカウントしない場合(この規則に違反して間違った順番でストロークを行った場合を除く)、そのストロークを行った同じパートナーがそのサイドのための次のストロークを行わなければならない。

- そのサイドが暫定球をプレーすることを決定した場合、そのサイドの次のストロークをプレーすることになる順番のパートナーがプレーしなければならない。

そのサイドに対する罰はパートナーが交互に行うプレーの順番には影響しない。

規則22.3に違反し、間違った順番でストロークを行ったことに対する罰:一般の罰。

ストロークプレーでは、そのサイドは誤りを訂正しなければならない:

- 正しい順番のパートナーが、そのサイドが間違った順番で最初にストロークを行った所からストロークを行わなければならない(規則14.6参照)。

- 間違った順番で行った最初のストロークと、その後に誤りが訂正されるまでに行ったすべてのストローク(行ったストロークと単にその球をプレーしたことによる罰打を含む)は、カウントしない。

- 別のホールを始めるためのストロークを行う前に(そのラウンドの最終ホール

では、**スコアカード**を提出する前に)、その**サイド**がその誤りを訂正しなかったときは、その**サイド**は失格となる。

22.4　ラウンドのスタート

22.4a　最初にプレーするパートナー

ラウンドをスタートするとき、競技の条件でどちらのプレーヤーが先にプレーしなければならないかを決めていなければ、**サイド**はどちらの**パートナー**が最初の**ティーイングエリア**からプレーするのかを選ぶことができる。

その**サイド**の**ラウンド**は**パートナー**がその**サイド**の最初のホールをスタートするために最初の**ストローク**を行ったときに始まる。

22.4b　スタート時間とスタート地点

規則5.3aは、**サイド**のどちらが最初にプレーするかに応じて、各**パートナー**に別々に適用する：

- 最初にプレーする**パートナー**はスタート時間にスタート地点でプレーする準備ができていなければならず、そしてスタート時間(時間前ではなく)にスタートしなければならない。

- 2番目にプレーする**パートナー**はスタート時間にそのスタート地点か、そのホールで**ティーイングエリア**からプレーした球が止まることが予想される場所の近くにいなければならない。

パートナーのいずれかがこの方法でその場にいなかった場合、その**サイド**は規則5.3aの違反となる。

22.5　パートナーたちはクラブを共用することができる

規則4.1b(2)は**パートナー**たちの持っているクラブの合計本数が14本を超えなければ、クラブを共用することを認めるように修正される。

22.6　ストロークを行うときにパートナーの後方にプレーヤーが立つことに関する制限

規則10.2b(4)の制限に加え、プレーヤーは、その**サイド**の次の**ストローク**のための情報を得るために、**パートナー**が**ストローク**を行っている間に球の後方のプレーの延長線上やその近くに立ってはならない。

規則22.6の違反に対する罰：一般の罰。

規則 23 フォアボール

規則の目的：

規則23はフォアボール(マッチプレーかストロークプレーのいずれかでプレーする)を扱っている。フォアボールはパートナーたちが1つのサイドとして各自別々の球をプレーして競技する。ホールのサイドのスコアは、そのホールでのパートナーたちのうち少ない方のスコアとなる。

23.1　フォアボールの概要

フォアボールはパートナーを伴うプレー形式(マッチプレーかストロークプレーのいずれか)である：

- 2人のパートナーは1つのサイドとして共に競技し、各プレーヤーは自分自身の球をプレーする。

- ホールのサイドのスコアはそのホールの2人のパートナーのうちの少ない方のスコアとなる。

規則1～20はこのプレー形式に適用するが、これらの特別な規則によって修正される。

このプレー形式の変形はベストボールとして知られているマッチプレーの1つの形式である。ベストボールは個人のプレーヤーが2人または3人のパートナーからなる1つのサイドと競い、各パートナーは以下の特別規則によって修正された規則に基づいて各自の球をプレーする(1つのサイドが3人のパートナーからなるベストボールについては、他のパートナーとは他の2人のパートナーを意味する)。

23.2　フォアボールのスコアリング

23.2a　マッチプレーとストロークプレーでのホールのサイドのスコア

- 両方のパートナーがホールアウトした、または別の方法で規則に基づいてホールを終了した場合。少ない方のスコアがそのホールのそのサイドのスコアとなる。

- パートナーのうちの1人だけがホールアウトした、または別の方法で規則に基づいてホールを終了した場合。そのパートナーのスコアがそのホールのそ

のサイドのスコアとなる。他のパートナーはホールアウトする必要はない。

- パートナーのいずれもホールアウトしなかった、または別の方法で規則に基づいてホールを終了しなかった場合。そのサイドのそのホールのスコアはなしとなる。つまり：

  » マッチプレーでは、相手サイドがすでにそのホールをコンシードしていたか、負けていたのでなければ、そのサイドはそのホールの負けとなる。

  » ストロークプレーでは、その誤りを規則3.3cに基づいて時間内に訂正しなければ、そのサイドは失格となる。

23.2b　ストロークプレーのサイドのスコアカード

(1) サイドの責任。サイドの各ホールのグロススコアを1枚のスコアカードに記入しなければならない。

各ホールに対して：

- 少なくとも1人のパートナーのグロススコアをスコアカードに記入しなければならない。

- スコアカードに複数のパートナーのスコアを記入しても罰はない。

- スコアカードの各スコアはどちらのパートナーのスコアであるのかを明確にしておかなければならない；そうしなかった場合、そのサイドは失格となる。

- あるスコアをそのサイドのスコアとして一般的にみなすことは不十分である。

1人のパートナーだけが規則3.3b(2)に基づいてそのサイドのスコアカードのスコアを証明する必要がある。

(2) 委員会の責任。委員会は各ホールのサイドのスコアとしてどちらのスコアをカウントするのかを決定する責任がある(ハンディキャップ競技でのハンディキャップの適用を含む)：

- あるホールに1つだけスコアが記入されている場合、そのスコアをサイドのスコアとしてカウントする。

- あるホールに両方のパートナーのスコアが記入されている場合：

  » それらのスコアが異なる場合、そのホールの最も少ない(グロスまたはネット)スコアをそのサイドのスコアとしてカウントする。

  » それらのスコアが同じ場合、委員会はいずれかのスコアを採用するこ

とができる。使用するスコアが何らかの理由で間違っている場合、**委員会**は他のスコアをカウントする。

その**サイド**のカウントするスコアがどちらの**パートナー**のスコアなのか明確に確認できない場合、あるいはその**パートナー**がそのホールのプレーについて**失格**となった場合、その**サイド**は**失格**となる。

図23.2b：スクラッチ・フォアボールストロークプレーのスコアリング

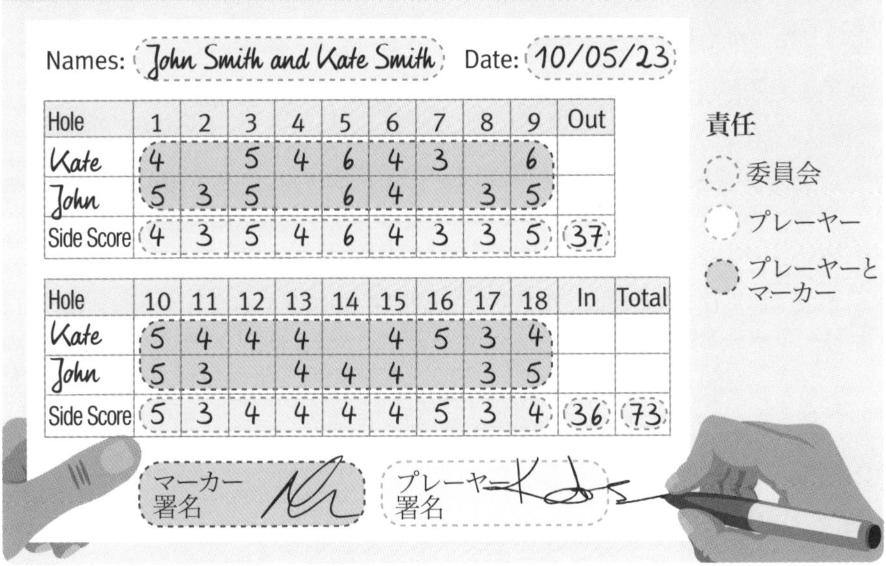

Names: John Smith and Kate Smith   Date: 10/05/23

Hole	1	2	3	4	5	6	7	8	9	Out
Kate	4		5	4	6	4	3		6	
John	5	3	5			6	4		3	5	
Side Score	4	3	5	4	6	4	3	3	5	37

Hole	10	11	12	13	14	15	16	17	18	In	Total
Kate	5	4	4		4	4	5	3	4		
John	5	3		4	4	4		3	5		
Side Score	5	3	4	4	4	4	5	3	4	36	73

責任

- ◯ 委員会
- ◯ プレーヤー
- ◉ プレーヤーとマーカー

マーカー署名

プレーヤー署名

23.2c　フォアボールで規則11.2を適用しない場合

規則11.2は次の状況には適用しない：

プレーヤーの**パートナー**がホールをすでに終了していて、そのプレーヤーの動いている球がそのホールのその**サイド**の1打少ないスコアとなるためには**ホール**に入る必要がある場合で、その球が**ホール**に入る合理的な可能性がないときに、誰かによって故意に方向を変えられたり、止められたときは、その人に罰はなく、そのプレーヤーの球はその**サイド**のスコアとしてはカウントしない。

23.3　ラウンドが始まるとき、終わるとき；ホールが終了するとき

23.3a　ラウンドが始まるとき

サイドのラウンドはパートナーの1人が最初のホールをスタートするためにストロークを行ったときに始まる。

23.3b　ラウンドが終わるとき

次のとき、サイドのラウンドは終わる：

- マッチプレーでは：

  » いずれかのサイドがそのマッチに勝ったとき(規則3.2a(3)参照)。

  » 競技の条件でマッチをタイで終えることができることを規定している場合、そのマッチが最終ホールを終えてタイのとき(規則3.2a(4)参照)。

- ストロークプレーでは、パートナーの両方がホールアウトすることにより(例えば、規則6.1や規則14.7bに基づいて誤りを訂正することを含む)、またはパートナーの1人が最終ホールをホールアウトし、他のパートナーがホールアウトしないことを選択することによってそのサイドが最終ホールを終了したとき。

23.3c　ホールを終了するとき

(1) マッチプレー。サイドは次のときにホールを終了する：

- パートナーの両方がホールアウトをした、または両方の次のストロークがコンシードされた。

- パートナーの一人がホールアウトをした、または次のストロークがコンシードされて他のパートナーはホールアウトをしないことを選んだ、またはそのサイドのためにはカウントしないスコアとなった。

- ホールの結果が決定された(例えば、サイドのそのホールのスコアが他のサイドが出せる可能性があるスコアよりも少なかった場合)。

(2) ストロークプレー。パートナーのうちの1人がホールアウトして他のパートナーがホールアウトしたとき、あるいはホールアウトしないことを選択したとき、またはそのホールの失格となったときに、サイドはホールを終了する。

23.4　1人または両方のパートナーがサイドを代表することができる

サイドはラウンドの全部または一部をパートナーの1人で代表することができる。必ずしも両方のパートナーがいる必要はなく、または両方のパートナーがいても、両方のパートナーが各ホールをプレーする必要はない。

不在だったパートナーがその後でプレーするために到着した場合、そのパートナーはホールとホールの間に限ってそのサイドのためにプレーに合流することができる。つまり：

- マッチプレー―マッチの誰かがホールを始める前。マッチで、いずれかのサイドの誰かがホールのプレーを始めた後にそのパートナーが到着した場合、そのパートナーは次のホールまでそのサイドのためにプレーすることは認められない。

- ストロークプレー―他のパートナーがホールをスタートする前。他のパートナーがホールのプレーを始めた後にそのパートナーが到着した場合、その到着したパートナーは次のホールまでそのサイドのためにプレーすることは認められない。

到着したが、そのホールのプレーは認められていないパートナーはそのホールで他のパートナーにアドバイスを与えたり、他のパートナーを援助したり、他のパートナーのためにそれ以外の行動をとることはできる(規則23.5aと規則23.5b参照)。

規則23.4に違反してホールのプレーが認められないのにストロークを行ったことに対する罰：一般の罰。

23.5　パートナーのプレーに影響を及ぼすプレーヤーの行動

23.5a　プレーヤーは、パートナーがそのパートナーの球に対して取ることができるどのような行動もとることができる

サイドの各プレーヤーは自分自身の球をプレーしなければならないが：

- プレーヤーはパートナーがストロークを行う前にそのパートナーに対して認められる行動をそのパートナーの球に関してとることができる。例えば、その球の箇所をマークすること、拾い上げること、リプレースすること、ドロップすること、そしてプレースすること。

- プレーヤーとそのプレーヤーのキャディーは他のパートナーのキャディーが援助することが認められる方法でそのパートナーを援助することができる(例

えば、アドバイスを与えたり、求めること、そして規則10に基づいて認められる他の行動をとること)。しかし、そのパートナーのキャディーが規則に基づいて与えることが認められていない援助を与えてはならない。

ストロークプレーでは、パートナーたちはいずれかのプレーヤー、または他のプレーヤーを援助するためにパッティンググリーンに球を残したままにしておくことにお互いが同意してはならない(規則15.3a参照)。

23.5b　パートナーはプレーヤーの行動に責任がある

プレーヤーがパートナーの球や用具に関連してとった行動は、そのパートナーがとった行動として扱われる。

パートナーがとると規則違反となる行動をプレーヤーがとった場合:

- パートナーが規則に違反したことになり、その結果となる罰を受ける(規則23.9a参照)。

- そのプレーヤーがとると規則違反となる行動の例:

  » パートナーが行おうとしているストロークに影響を及ぼす状態を改善した。

  » 偶然にパートナーの球を動かす原因となった。

  » パートナーの球を拾い上げる前にその球の箇所をマークしなかった。

このことはパートナーやそのパートナーのキャディーが行うと規則違反となる行動をそのプレーヤーのキャディーがそのパートナーの球に関してとった場合にも適用する。

プレーヤーやそのプレーヤーのキャディーの行動がそのプレーヤー自身の球とそのパートナーの球の両方のプレーに影響を及ぼす場合、両方のパートナーに罰がある場合については規則23.9a(2)を参照。

23.6　サイドのプレーの順番

パートナーたちはそのサイドが最もよいと考える順番でプレーをすることができる。

このことは、規則6.4a(マッチプレー)や規則6.4b(ストロークプレー)に基づいてプレーヤーがプレーする順番であっても、プレーヤーとパートナーのいずれかが次のプレーをすることができることを意味する。

例外-マッチプレーでストロークをコンシードされた後でホールのプレーを続けること:

- プレーヤーはそのプレーヤーの次のストロークがコンシードされた後にホー

ルのプレーを続けることが自分のパートナーの援助となる場合は、そのプレーを続けてはならない。

- そのプレーヤーがプレーを続けた場合、そのホールのプレーヤーのスコアは罰なしに有効である。**しかし、そのホールのパートナーのスコアをそのサイドのスコアとしてカウントすることはできない。**

23.7　パートナーたちはクラブを共用することができる

規則4.1b(2)は**パートナー**たちの持っているクラブの合計本数が14本を超えなければ、クラブを共用することを認めるように修正される。

23.8　ストロークを行うときにパートナーの後方にプレーヤーが立つことに関する制限

規則10.2b(4)の制限に加え、プレーヤーは、そのプレーヤーの次の**ストローク**のための情報を得るために、**パートナー**が**ストローク**を行っている間に球の後方のプレーの延長線上やその近くに立ってはならない。

規則23.8の違反に対する罰：一般の罰。

23.9　罰を1人のパートナーにだけ適用する場合、または両方のパートナーに適用する場合

プレーヤーが規則違反に対して罰を受ける場合、その罰はそのプレーヤー1人だけか、その両方の**パートナー**(つまりその**サイド**)のいずれかに適用する。このことはその罰とプレー形式による：

23.9a　失格以外の罰

(1) **罰は通常、プレーヤーにだけ適用し、パートナーには適用しない。** プレーヤーが失格以外の罰を受ける場合、その罰は通常はそのプレーヤーにだけ適用し、パートナーには適用しない。ただし、(2)で扱う状況を除く。

- 罰打はプレーヤーのスコアにだけ追加し、**パートナー**のスコアには追加しない。

- マッチプレーで、一般の罰(ホールの負け)を受けたプレーヤーに、そのホールで**サイド**のためにカウントできるスコアはない；しかし、この罰は**パートナー**には影響せず、その**パートナー**はそのホールで**サイド**のためにプレーを続けることができる。

(2) プレーヤーの罰をパートナーに対しても適用する3つの状況。

- プレーヤーが規則4.1b(14本のクラブの制限；共有、追加、取り替え)に違反した場合。マッチプレーでは、そのサイドはその罰を受ける(そのマッチのスコアの調整)；ストロークプレーでは、パートナーもそのプレーヤーと同じ罰を受ける。

- プレーヤーの違反がパートナーのプレーの援助となる場合。マッチプレー、ストロークプレーのいずれの場合も、パートナーもそのプレーヤーと同じ罰を受ける。

- マッチプレーで、プレーヤーの違反が相手のプレーに悪影響を与える場合。パートナーもそのプレーヤーと同じ罰を受ける。

例外－プレーヤーが誤球に対してストロークを行った場合、パートナーのプレーを援助した、あるいは相手のプレーに悪影響を与えたものとして扱わない：

- プレーヤーだけが規則6.3cの違反に対して一般の罰を受ける(パートナーは一般の罰を受けない)。

- このことは誤球としてプレーした球がパートナーや相手、他の誰かの球であった場合でも同じである。

23.9b 失格の罰

(1) 1人のパートナーによる違反がサイドの失格となる場合。いずれかのパートナーが次の規則に基づいて失格の罰を受ける場合、そのサイドは失格となる：

- 規則1.2 　　プレーヤーの行動基準

- 規則1.3 　　規則に従ってプレーする

- 規則4.1a 　ストロークを行うときに認められるクラブ

- 規則4.1c 　クラブをプレーから除外するための手続き

- 規則4.2a 　ラウンドのプレーに認められる球

- 規則4.3 　　用具の使用

- 規則5.6a 　プレーの不当の遅延

- 規則5.7b 　委員会がプレーを中断したときにプレーヤーがしなければならないこと

- 規則6.2b 　ティーイングエリアの規則

マッチプレーに限り：

- 規則3.2c　ハンディキャップマッチのハンディキャップの適用

ストロークプレーに限り：

- 規則3.3b(2)　プレーヤーの責任：**スコアカードの証明と提出**
- 規則3.3b(3)　ホールの間違ったスコア
- 規則5.2b　**ラウンド前やラウンドとラウンドの間にコース上で練習すること**
- 規則23.2b　**ストロークプレーのサイドのスコアカード**

(2) **両方のパートナーによる違反がそのサイドの失格となる場合。**両方のパートナーがそれぞれ次の規則のいずれかに基づいて失格の罰を受ける場合、その**サイド**は失格となる：

- 規則5.3　**ラウンドを始めること、終えること**
- 規則5.4　組でプレーすること
- 規則5.7a　プレーを中断することができる、または中断しなければならない場合
- 規則5.7c　プレーを再開するときにプレーヤーがしなければならないこと

ストロークプレーに限り：

同じホールで、両方の**パートナー**が次の規則の組み合わせに基づいて失格の罰を受けた場合、その**サイド**は失格となる。

- 規則3.3c　ホールアウトをしない
- 規則6.1b　スタートホールで**ティーイングエリアの外から**プレー
- 規則6.3c　**誤球**
- 規則14.7　**誤所から**プレーすること
- 規則20.1c(3)　2つの球をプレーしたことを報告しない

(3) **1人のプレーヤーによる違反で、そのプレーヤーのそのホールのスコアだけが無効となる場合。**プレーヤーが上記以外の状況で失格の罰がある規則に違反した場合には、そのプレーヤーは失格とはならない。**しかし、その違反が起きたホールのそのプレーヤーのスコアはその**サイド**のためにはカウントできない。**

マッチプレーでは、両方の**パートナー**が同じホールでそのような違反をした場合、その**サイド**はそのホールの負けとなる。

規則 24 ティーム競技

規則の目的：

規則24はティーム競技を扱っている(マッチプレーかストロークプレーのいずれかでプレーする)。ティーム競技では複数のプレーヤーやサイドがティームとして競技し、そうしたラウンドやマッチの結果が集計され、ティーム全体のスコアとなる。

24.1　ティーム競技の概要

- 「ティーム」とは複数のプレーヤーからなるグループをいい、個人または**サイド**として他のティームと競う。

- ティームイベントでのプレーヤーたちのプレーは、同時に行われる別の競技(例えば個人**ストロークプレー**)の一部とすることもできる。

規則1～23はティーム競技に適用するが、これらの特別規則によって修正される。

24.2　ティーム競技の条件

委員会はプレー形式、ティーム全体のスコアの計算方法、その他の競技の条件を決定する。例えば：

- **マッチプレー**では、マッチに勝った場合やタイになった場合に与えられるポイント。

- **ストロークプレー**では、各ティームの合計スコアにカウントするためのスコア数。

- 競技がタイの場合、タイのまま終わらせるのかどうか、終わらせない場合、タイを決定する方法。

24.3　ティームキャプテン

各ティームはティームを率いて、そのティームについての決定（例えば、そのティームのどのプレーヤーがどの**ラウンド**やマッチでプレーするのか、プレーヤーたちのプレーの順番をどうするのか、あるいは誰と誰を**パートナー**として組ませるのか）を行うティームキャプテンを指名することができる。

ティームキャプテンはその競技でプレーヤーとしてプレーすることができる。

24.4　ティーム競技で認められるアドバイス

24.4a　ティームにアドバイスを与えることが認められる人(アドバイス・ギバー)

委員会は、ラウンド中にそのティームのプレーヤーにアドバイスを与えたり、規則10.2で認めている他の援助をしたりすることができ、そのティームのプレーヤーがアドバイスを求めることができる人(アドバイス・ギバー)を各ティームが1名指名することを認めるローカルルールを採用することができる:

- アドバイス・ギバーは、ティームキャプテン、ティームコーチ、またはその他の人(その競技でプレーしているティームメンバーを含む)がなることができる。
- アドバイス・ギバーはアドバイスを与える前に委員会に届け出ていなければならない。
- 委員会はティームのアドバイス・ギバーをラウンド中や競技中に変更することを認めることができる。

委員会の措置、セクション8；ローカルルールひな型H-2(委員会は各ティームが2人のアドバイス・ギバーを指名することを認めるローカルルールを採用することができる)参照。

24.4b　プレー中のアドバイス・ギバーに関する制限

ティームのアドバイス・ギバーがそのティームのプレーヤーである場合、その競技でラウンドをプレーしている間はアドバイス・ギバーとして行動することは認められない。

ラウンドをプレーしている間、そのアドバイス・ギバーは規則10.2のアドバイスや他の援助に関する制限については、他のプレーしているティームメンバーと同じように扱われる。

24.4c　パートナー以外のティームメンバー間でアドバイスをすることはできない

サイドのパートナーとして共にプレーしている場合を除き:

- プレーヤーはそのコースでプレーしているティームメンバーにアドバイスを求めることも与えることもできない。

- このことは、そのティームメンバーがその**コース**でそのプレーヤーと同じ組でプレーしているか、あるいは違う組でプレーしているかにかかわらず適用する。

委員会の措置、セクション8；ローカルルールひな型H-5(ストロークプレーのティーム競技(プレーヤーの**ラウンド**のスコアはティームのスコアの一部としてだけカウントされる)では、委員会は、同じ組でプレーしているティームのメンバーが**パートナー**ではない場合でも互いに**アドバイス**を与えることを認めるローカルルールを採用することができる)参照。

規則24.4の違反の罰：規則10.2aに基づく一般の罰。

X

章がいを持つプレーヤーのための のゴルフ規則の修正

規則25

規則 25 障がいを持つプレーヤーのためのゴルフ規則の修正

規則の目的：
規則25は特定の障がいを持つプレーヤーが障がいを持たないプレーヤー、同じ障害をもつプレーヤー、異なるタイプの障がいを持つプレーヤーとフェアにプレーすることができるように特定のゴルフ規則の修正を規定している。

25.1 概要

規則25は、すべてのプレー形式を含むすべての競技に適用する。規則25の特定の修正された規則を使用するかどうかの決定はプレーヤーの障がいのカテゴリーと参加資格による。

規則25は次の障がいのカテゴリーのプレーヤーのために特定の規則を修正する：

- 盲目のプレーヤー(特定のレベルの視力障害を含む)。

- 義手や義足のプレーヤー(四肢欠損や手足を失った人の両方)。

- 移動補助器具を使うプレーヤー。

- 知的障がいを持つプレーヤー。

その他の障がいのタイプを持つ多くのプレーヤーがいる(例えば、神経疾患を持つプレーヤー、整形外科の疾患を持つプレーヤー、低身長のプレーヤー、耳の不自由なプレーヤーなど)。これらの障がいのカテゴリーは現在のところ規則25では扱われておらず、これらのプレーヤーに対するゴルフ規則の修正を扱う規定はない。

用具の規則は修正されずに適用する。ただし、用具の規則セクション7に規定されている場合を除く。医療上の理由のための用具(グラブや球以外)の使用に関する情報については、規則4.3b参照。

委員会の措置、セクション5D (プレーヤーの参加資格に関するガイダンスと、規則25に関する追加のガイダンスと、障がいを持つプレーヤーに関連する競技)。

25.2 盲目のプレーヤーのための修正

目的：

規則25.2は盲目(特定のレベルの視力障害を含む)のプレーヤーが補助員とキャディーの両方から支援を同時に受けることを認め、目標を定める支援を認め、クラブでバンカー内の砂に触れることについての禁止事項への限定された例外を与え、球の拾い上げ、ドロップ、プレース、リプレースの支援を認めている。

25.2a 補助員からの支援

盲目のプレーヤーは補助員から次の支援を受けることができる：

* スタンスをとるとき。

* ストロークを行う前に目標を定めるとき。

* アドバイスを求めたり、受ける。

補助員は規則に基づくキャディー(規則10.3参照)と同じステータスを持つが、規則25.2eに記述される例外がある。

規則10.2aのために、プレーヤーは補助員とキャディーの両方に同時にアドバイスを求めたり、補助員とキャディーの両方から同時にアドバイスを受けることができる。

25.2b プレーヤーは補助員1人だけが認められる

盲目のプレーヤーは補助員を同時に1人だけ使うことができる。

もしそのプレーヤーが補助員を同時に2人以上使う場合、規則10.3a(1)(プレーヤーは一度にキャディー1人だけが認められる)に規定されているのと同じ方法で、そのプレーヤーは違反が起きた各ホールで一般の罰を受ける。

25.2c 規則10.2b(3)(目標を定める、スタンスをとる、スイングをすることを援助するために物を置いてはいけない)の修正

規則10.2b(3)は修正され、プレーヤー、キャディー、補助員が、目標を定める支援のため、または行うことになるストロークのためのスタンスをとる支援のために物を置いた場合(例えば、プレーヤーが目標とする場所や足の位置を示すために地面にクラブを置くなど)は、罰はない。しかし、その物はストロークを行う前に取り除かなければならず、そうしなかった場合は、プレーヤーは規則10.2b(3)の違反に対して一般の罰を受ける。

25.2d　規則10.2b(4)(プレーヤーがストロークを行う前にキャディーに対して制限される区域)の修正

規則10.2b(4)は修正され、ストロークを行うときに補助員やキャディーが手助けをしなければ、プレーヤーのストローク中やストローク前のどの時点でも補助員やキャディーがプレーの線の球の後方延長線上やその近くに故意に立っていたとしても罰はない。

25.2e　規則10.3(キャディー)の修正

盲目のプレーヤーの補助員はそのプレーヤーのキャディーとしての役割を務めることができるが、そうする必要はない。

プレーヤーは補助員とキャディーの両方を同時に使うことができる。その場合：

- その補助員はプレーヤーのクラブを持ち運んだり、扱ってはならない(プレーヤーを案内したり、プレーヤーがスタンスをとったり、ストロークを行う前に目標を定めたりすることを手伝うとき、または定義「キャディー」に規定されている親切心からプレーヤーを手伝う場合を除く)。

- その補助員がこの規則に違反してプレーヤーのクラブを持ち運んだり、扱う場合、そのプレーヤーはキャディーを同時に2人使ったことになり、違反が起きた各ホールについて一般の罰を受ける(規則10.3a(1)参照)。

25.2f　規則12.2b(1)(バンカーの砂に触れることで罰を受けることになる場合)の修正

バンカー内で自分の球にストロークを行う前に、盲目のプレーヤーは次の場所や場合に罰なしに自分のクラブでそのバンカー内の砂に触れることができる：

- 球の直前、直後の区域。

- ストロークのためにバックスイングを行うとき。

しかし、そうするときにプレーヤーはクラブを軽く地面に置く結果として改善される以上にその球のライを改善してはならない。

プレーヤーには依然として砂の状態をテストするために故意にバンカー内の砂に触れたり、練習スイングをするときにクラブでバンカー内の砂に触れることについての規則12.2b(1)の禁止事項の制約を受ける。

25.2g　規則14.1b(球を拾い上げることができる人)の修正

プレーヤーの球がパッティンググリーン上にある場合、規則14.1bは修正され、プレーヤーのキャディーに加えて、そのプレーヤーの補助員がプレーヤーの承認なしに球を拾い上げることができる。

25.2h　球をドロップ、プレース、リプレースすることの支援

盲目のプレーヤーのために、プレーヤーが球をドロップ、プレース、リプレースすることを要求するすべての規則は修正され、プレーヤーに制約なしに他の人にそのプレーヤーの球をドロップ、プレース、リプレースする一般的な承認を与えることを認める。

25.3　義手や義足のプレーヤーのための修正

規則の目的：
規則25.3は義手や義足のプレーヤー(四肢欠損や手足を失った人の両方を意味する)に義肢の使用、クラブをアンカリングしてストロークを行うこと、そして球をドロップ、プレース、リプレースすることの支援を認めている。

25.3a　義肢のステータス

人工的な手足を使うことは、プレーヤーにそうした人工的な手足を使う医学的根拠があり、その人工的な手足の使用によってプレーヤーが他のプレーヤーよりも不当な利益を得ることはないと委員会が裁定することを条件に、規則4.3の違反とはならない(規則4.3b参照)。義肢の使用について疑問のあるプレーヤーはできる限り速やかにその問題を委員会に照会すべきである。

義手や義足を使用するプレーヤーは依然として異常な方法で用具を使用することについての規則4.3aの禁止事項の制約を受ける。

25.3b　規則10.1b(クラブをアンカリング(固定)すること)の修正

義手や義足のプレーヤーが四肢欠損や手足を失ったことによりアンカリングせずにはクラブを握ってクラブの大部分をスイングすることができないと委員会が認めた場合、そのプレーヤーは規則10.1bに基づく罰なしに、クラブをアンカリングしたままストロークを行うことができる。

25.3c　義手や義足のプレーヤーは球をドロップ、プレース、リプレースするときに支援を受けることができる

義手や義足のプレーヤーのために、プレーヤーが球を**ドロップ**、**プレース**、**リプレース**することを要求するすべての規則は修正され、プレーヤーに制約なしに他の人にそのプレーヤーの球を**ドロップ**、**プレース**、**リプレース**する一般的な承認を与えることを認める。

25.3d　定義「リプレース」の修正

義手や義足のプレーヤーのために、定義「**リプレース**」(そして規則14.2b(2))は修正され、プレーヤーが、手または他の**用具**の部分を使用すること(例えば、クラブで球を転がすなど)のいずれかによって球を**リプレース**することを認める。

25.4　移動補助器具を使用するプレーヤーのための修正

> **目的：**
>
> 規則25.4は移動補助具を使うプレーヤーが同時に補助員とキャディーの両方によって支援されることを認め、スタンスをとること、そしてストロークを行うことを支援するための移動補助具(車椅子、その他の車輪付きの移動器具、つえ(ステッキ)、松葉づえなど)をプレーヤーがどのように使用できるかを説明し、そして特定の救済処置を修正する。

規則25.4aと規則25.4lはすべての移動補助器具(つえ(ステッキ)、松葉づえ、車椅子、その他の車輪付きの移動器具を含む)に適用する。

規則25.4mと規則25.4nは車椅子とその他の車輪付きの移動器具だけに適用する。

25.4a　補助員や他の人からの支援

移動補助具を使うプレーヤーは補助員やその他の人(別のプレーヤーを含む)から次のような方法で支援を受けることができる：

- **パッティンググリーン上で球を拾い上げる**：プレーヤーの球がパッティンググリーン上にある場合、規則14.1bは修正され、そのプレーヤーのキャディーに加えて、そのプレーヤーの補助員がプレーヤーの承認なしにその球を拾い上げることができる。

- **球をドロップ、プレース、リプレースする**：プレーヤーが球を**ドロップ**、**プレース**、**リプレース**することを要求するすべての規則は修正され、プレーヤーに制約なしに他の人にそのプレーヤーの球を**ドロップ**、**プレース**、**リプレース**する一般的な承認を与えることを認める。

- プレーヤーや器具を適切な場所に配置する：規則10.2b(5)により認められている通り、ストロークを行う前に、プレーヤーは誰からであってもプレーヤー自身や移動補助具を配置したり、移動補助具を取り除くための物理的な支援を受けることができる。

25.4b　補助員からのアドバイス

移動補助具を使うプレーヤーは、規則10.2a(アドバイス)に基づいてキャディーにアドバイスを求めたり、キャディーからアドバイスを受けるのと同じ方法で、補助員にアドバイスを求めたり、補助員からアドバイスを受けることができる。

補助員は規則に基づくキャディー(規則10.3参照)と同じステータスを持つが、規則25.4jに記述される例外がある。

規則10.2aのために、プレーヤーは補助員とキャディーの両方に同時にアドバイスを求めたり、補助員とキャディーの両方から同時にアドバイスを受けることができる。

25.4c　プレーヤーは補助員1人だけが認められる

移動補助器具を使うプレーヤーは補助員を同時に1人だけ使うことができる。

もしそのプレーヤーが補助員を同時に2人以上使う場合、規則10.3a(1)(プレーヤーは一度にキャディー1人だけが認められる)に規定されているのと同じ方法で、そのプレーヤーは違反が起きた各ホールで一般の罰を受ける。

25.4d　定義「スタンス」の修正

プレーヤーが移動補助具を使うことは、規則8.1aに基づく意図するスタンスの区域の決定や規則16.1に基づく異常なコース状態による障害があるかどうかの決定など様々な規則のための「スタンス」に影響を与えるであろう。

このことに対処するために、定義「スタンス」は修正され、「ストロークの準備や、ストロークを行うときのプレーヤーの足と体の位置と移動補助具の位置(使われる場合)」を意味する。

25.4e　定義「リプレース」の修正

移動補助器具を使うプレーヤーのために、定義「リプレース」(そして規則14.2b(2))は修正され、プレーヤーが、手または他の用具の部分を使用すること(例えば、クラブで球を転がすなど)のいずれかによって球をリプレースすることを認める。

25.4f　規則4.3(用具の使用)の適用

規則4.3は移動補助具の使用に適用される：

- プレーヤーは規則4.3bの基準に基づいて認められるのであれば自分のプレーを支援する移動補助具を使うことができる。

- 移動補助具を使うプレーヤーは依然として異常な方法で**用具**を使用することについての規則4.3aの禁止事項の制約を受ける。

25.4g　スタンスをとるときに移動補助具の使用を認めるように規則8.1b(5)を修正

規則8.1b(5)に基づいて、プレーヤーが**スタンス**をとるときに両足をしっかり据える(合理的な程度で砂の中に足を潜り込ませることを含む)ことにより**ストロークに影響を及ぼす状態を改善**しても罰はない。

移動補助具を使うプレーヤーについて、規則8.1b(5)は修正され、「合理的な程度で足を潜り込ませる」には次のことを含む：

- 合理的な程度で移動補助具を潜り込ませること。

- **スタンス**をとるときに移動補助具を適切な場所に位置させるため、またスリップを防止するために合理的な行動をとること。

しかし、この修正は上記の範疇を超えてスイング中に移動補助具がスリップしないようにするために**スタンス**の場所を作ること(器具を固定するために土や砂を盛り上げた土手を作るなど)を認めていない。

プレーヤーがそれを行った場合、規則8.1a(3)に違反して**スタンス**の場所を作るために地面を変えたことについて一般の罰を受ける。

25.4h　規則10.1b(クラブをアンカリング(固定)すること)の修正

プレーヤーが移動補助具を使うことによりアンカリングせずにはクラブを握ってクラブの大部分をスイングすることができないと**委員会**が認めた場合、そのプレーヤーは規則10.1bに基づく罰なしに、クラブをアンカリングしたまま**ストローク**を行うことができる。

25.4i　規則10.1c(プレーの線を跨いだり、踏みながらストロークを行うこと)の修正

プレーヤーの移動補助具の使用を考慮し、規則10.1cは修正され、プレーヤーは故意に移動補助具のどの部分も**プレーの線**(または球の後方延長線上)の両側に置いたり、触れたりして**ストローク**を行ってはならない。

25.4j　規則10.3(キャディー)の修正

移動補助具を使うプレーヤーの補助員はそのプレーヤーの**キャディー**としての役割を務めることができるが、そうする必要はない。

プレーヤーは補助員と**キャディー**の両方を同時に使うことができる。その場合：

- その補助員はプレーヤーのクラブを持ち運んだり、扱ってはならない(プレーヤーが**スタンス**をとったり、**ストローク**を行う前に方向を調整することを手伝うとき、または定義「**キャディー**」に規定されている親切心からプレーヤーを手伝う場合を除く)。しかし、規則10.2b(3)(目標を定める、**スタンス**をとる、スイングをするときの援助となる物を置いてはならない)は修正されない。

- その補助員がこの規則に違反してプレーヤーのクラブを持ち運んだり、扱う場合、そのプレーヤーは**キャディー**を同時に2人使ったことになり、違反が起きた各**ホール**について一般の罰を受ける(規則10.3a(1)参照)。

25.4k　規則11.1b(2)の修正

移動補助器具を使うプレーヤーのために、規則11.1b(2)は修正され、**パッティンググリーン**からプレーされて動いているプレーヤーの球が偶然にその移動補助器具に当たった場合、その球をあるがままにプレーしなければならない。

25.4l　バンカー内の砂の状態をテストするために移動補助具を使う場合の規則12.2b(1)の適用

規則12.2b(1)に基づき、プレーヤーは、手、クラブ、レーキ、その他の物でその**バンカー**の砂に故意に触れてはならず、また、次の**ストローク**についての情報を得るために砂の状態をテストしてはならない。

このことは故意に砂の状態をテストするために移動補助具を使うことにも適用される。

しかし、プレーヤーはその他の目的のために罰なしに移動補助具で砂に触れることができる。

25.4m　車輪付きの移動器具を使うプレーヤーのため：レッドペナルティーエリア内の球とアンプレヤブルの球についてのラテラル救済の選択肢の修正

車輪付きの移動器具を使うプレーヤーがレッドペナルティーエリア内の球やアンプレヤブルの球についてラテラル救済を受ける場合、規則17.1d(3)と規則19.2cは修正され、認められる**救済エリア**のサイズの計測を2**クラブレングス**から4**クラブレングス**に拡大する。

25.4n　車輪付きの移動器具を使うプレーヤーのため：規則19.3b(バンカーのアンプレヤブルの球に対する救済)

車輪付きの移動器具を使うプレーヤーがバンカー内でアンプレヤブルの球に対する救済を受ける場合、規則19.3bは修正され、そのプレーヤーは1罰打でバンカーの外に後方線上の救済を受けることができる。

25.5　知的障がいを持つプレーヤーのための修正

目的：

規則25.5は知的障がいを持つプレーヤーが補助員とキャディーの両方から同時に支援を受けることを認め、特定のプレーヤーを担当せず、そしてアドバイスを与えることは認められないスーパーバイザーの役割を明確にしている。

25.5a　補助員やスーパーバイザーからの支援

知的障がいを持つプレーヤーが必要とする支援の程度は各個人に特有である。

委員会はプレーヤーを支援する補助員やスーパーバイザーを規定したり、認めることができる：

- 補助員とは、個々のプレーヤーのプレーや規則の適用を支援する人である：
  - » 補助員は規則に基づく**キャディー**(規則10.3参照)と同じステータスを持つが、規則25.5cに記述される制約がある。
  - » 規則10.2a(アドバイス)のために、プレーヤーは補助員とキャディーの両方に同時に**アドバイス**を求めたり、補助員と**キャディー**の両方から同時に**アドバイス**を受けることができる。
- スーパーバイザーとは、競技中に知的障がいを持つプレーヤーを支援するために**委員会**が指名した人である：
  - » スーパーバイザーは特定のプレーヤーに割り当てられるのではなく、必要な場合にそれがどのプレーヤーであっても支援するためにその場にいる。
  - » スーパーバイザーの規則上の扱いは**外的影響**となる。
  - » プレーヤーはスーパーバイザーに**アドバイス**を求めたり、スーパーバイザーから**アドバイス**を受けることはできない。

25.5b　プレーヤーは補助員1人だけが認められる

知的障がいを持つプレーヤーは補助員を同時に1人だけ使うことができる。

もしそのプレーヤーが補助員を同時に2人以上使う場合、規則10.3a(1)(プレーヤーは一度にキャディー1人だけが認められる)に規定されているのと同じ方法で、そのプレーヤーは違反が起きた各ホールで一般の罰を受ける。

25.5c　規則10.3(キャディー)の修正

知的障がいを持つプレーヤーの補助員はそのプレーヤーのキャディーとしての役割を務めることができるが、そうする必要はない。

プレーヤーは補助員とキャディーの両方を同時に使うことができる。その場合:

- その補助員はプレーヤーのクラブを持ち運んだり、扱ってはならない(プレーヤーがスタンスをとったり、ストロークを行う前に方向を調整することを手伝うとき(委員会によって承認された場合)、または定義「キャディー」に規定されている親切心からプレーヤーを手伝う場合を除く)。しかし、規則10.2b(3)(目標を定める、スタンスをとる、スイングをするときの援助となる物を置いてはならない)は修正されない。

- その補助員がこの規則に違反してプレーヤーのクラブを持ち運んだり、扱う場合、そのプレーヤーはキャディーを同時に2人使ったことになり、違反が起きた各ホールについて一般の罰を受ける(規則10.3a(1)参照)。

25.5d　規則14.1b(球を拾い上げることができる人)の修正

プレーヤーの球がパッティンググリーン上にある場合、規則14.1bは修正され、プレーヤーのキャディーに加えて、そのプレーヤーの補助員がプレーヤーの承認なしに球を拾い上げることができる。

25.5e　知的障がいと身体的障がいの両方を持つプレーヤー

知的障がいと身体的障がいの両方を持つプレーヤーについて、委員会が両方の種類の障がいに対処するために規則25の規則を組み合わせて使うことを推奨する。

25.6　すべての障がいのカテゴリーのための一般的な規定

25.6a　不当の遅延

規則5.6aの不当の遅延についての禁止事項を障がいを持つプレーヤーに適用する場合:

- **委員会**は自由裁量を用い、**コース**の難易度、気象状況(移動補助具の使用に与える影響の観点から)、競技会の性質、そして競技に参加しているプレーヤーの障がいの程度を考慮に入れた独自の合理的な基準を定めるべきである。

- そうした要因を考慮した上で、**委員会**はどんなときに不当の遅延となるのかについてより柔軟な解釈を用いることが妥当であろう。

25.6b ドロップ規則

14.3b(球は正しい方法で**ドロップ**しなければならない)を適用する場合、身体的な制約により、特定の障がいを持つプレーヤーは膝の高さから**ドロップ**したかどうかを知ることは困難あるいは不可能となるので、**委員会**は膝の高さから**ドロップ**したというプレーヤーの合理的な判断を受け入れるべきである。また、**委員会**はプレーヤーの身体的な制約を考慮し、球を膝の高さから**ドロップ**するすべての合理的な努力を受け入れるべきである。

委員会の措置、セクション5D (プレーヤーの参加資格に関するガイダンスと、規則25に関する追加のガイダンスと、障がいを持つプレーヤーに関連する競技)。

XI

定義

相手

マッチでプレーヤーが対戦する人。**相手**という用語は**マッチプレー**にのみ適用する。

アウトオブバウンズ

委員会によって定められた**コース**の境界縁の外側のすべての区域。その縁の内側のすべての区域はインバウンズである。

コースの境界縁は地面の上方と、地面の下方の両方に及ぶ:

- このことは、境界縁の内側のすべての地面とその他のもの(例えば、自然物や人工物)は、地面の上、上方、地下のどこにあっても、インバウンズであることを意味する。
- ある物が境界縁の内側と外側の両方にまたがっている場合(例えば、境界フェンスに取り付けられている階段、根元は縁の外側にあるが枝は縁の内側に伸びている木(またはその逆))、その縁の外側にある部分だけが**アウトオブバウンズ**となる。

境界縁は**境界物**や線によって定められるべきである:

- <u>**境界物**</u>:杭やフェンスによって定められる場合、境界縁はその杭やフェンスポスト(支柱を除く)の**コース**側を地表レベルで結んだ線によって定められ、そしてそれらの杭やフェンスポストは**アウトオブバウンズ**である。

  壁のような他の物で定められる場合、または**委員会**が違った方法で境界フェンスを扱いたいと考える場合、**委員会**はその境界縁を定めるべきである。

- <u>線</u>:地面に塗られた線によって定められる場合、境界縁はその線の**コース**側の縁となり、その線自体は**アウトオブバウンズ**である。

  地面の線が境界縁を定める場合、境界縁がある場所を示すために杭を使用することができる。

境界縁を定めたり、示したりするために杭を使用する場合、その杭は**境界物**である。

境界杭や境界線は白色とするべきである。

アドバイス

次のときにプレーヤーに影響を及ぼすことを意図した口頭によるコメントや行為(例えば、**ストローク**を行うために使用したクラブを見せること):

- クラブを選択するとき。

- **ストローク**を行うとき。

- **ホール**や、**ラウンド**中のプレー方法を決定するとき。

しかし、**アドバイス**には公開されている情報は含まない。例えば：

- **コース**上の物の位置(例えば、**ホール**、**パッティンググリーン**、フェアウェイ、**ペナルティーエリア**、バンカー、別のプレーヤーの球)。

- ある1点から他の1点までの距離。

- 風向き。

- **規則**。

委員会

競技または**コース**を管理する人、またはグループ。

異常なコース状態

次の4つの定義された状態：

- **動物の穴**。

- **修理地**。

- **動かせない障害物**。

- **一時的な水**。

一時的な水

次の条件を満たす地表面に一時的に溜まった水(例えば、雨や散水による水溜まり、水域から溢れた水)：

- **ペナルティーエリア**にはないもの。

- プレーヤーが**スタンス**をとる前や**スタンス**をとった後に見えている(プレーヤーの足で過度に踏み込まずに)。

単に地面が濡れている、ぬかるんでいる、軟らかい、またはプレーヤーが地面に立ったときに水が瞬間的に見える、というだけではこの条件を満たさない；水溜まりは**スタンス**をとる前と後のいずれかに存在していなければならない。

特別なケース：

- **露や霜**は**一時的な水**ではない。

- **雪と自然の氷**(霜以外)は、プレーヤーの選択で、**ルースインペディメント**か、または地面の上にある場合は**一時的な水**のいずれかとなる。

- 人造の氷は**障害物**である。

一般の罰

マッチプレーではホールの負け、**ストロークプレー**では2罰打。

インプレー

コース上にあり、ホールのプレーで使用しているプレーヤーの球の状態：

- 球は次のときにホールで初めて**インプレー**の球となる：
  - » プレーヤーが**ティーイングエリア**からその球に**ストローク**を行ったとき。
  - » **マッチプレー**で、プレーヤーが**ティーイングエリア**の外からその球に**ストローク**を行い、相手が規則6.1bに基づいてその**ストローク**を取り消さなかったとき。
- 球は**ホール**に入るまで**インプレー**のままとなる。ただし、次のときはもはや**インプレー**ではなくなる：
  - » その球が**コース**から拾い上げられたとき。
  - » その球が**紛失**した(**コース**上に止まっていたとしても)、または**アウトオブバウンズ**に止まったとき。
  - » 別の球に**取り替えた**とき(規則で認められていなかったとしても)。

インプレーではない球は**誤球**である。

どんな時でもプレーヤーは複数の**インプレー**の球を持つことはない(プレーヤーが1つのホールで同時に複数の球をプレーできる限定された状況については規則6.3d参照)。

規則が「止まっている球」、または「動いている球」に言及する場合、それは**インプレー**の球を意味する。

インプレーの球の箇所を**マーク**するために**ボールマーカー**が所定の位置にある場合：

- 球が拾い上げられていなかった場合、その球はまだ**インプレー**である。
- 球が拾い上げられてから**リプレース**された場合、その**ボールマーカー**がまだ取り除かれていなかったとしてもその球は**インプレー**である。

動いた

止まっている球が元の箇所を離れて他の箇所に止まり、それが肉眼によって見

ることができる(誰かが実際にそれを見ていたかどうかにかかわらず)場合。

このことは球が元の箇所を離れ、上下、水平、どの方向に**動いた**かにかかわらず適用する。

球が揺れている(または振動している)だけで、元の箇所に留まっている、または戻っている場合、その球は**動いた**ことにはならない。

動かせない障害物

次の障害物をいう:

- 不合理な努力なしには、またはその**障害物**や**コース**を壊さずには動かすことができない。
- その他の点において**動かせる障害物**の定義に合致しない物。

委員会は、障害物が**動かせる障害物**の定義に合致したとしても、その**障害物**を**動かせない障害物**と定めることができる。

動かせる障害物

合理的な努力でその**障害物**や**コース**を損傷させずに動かすことができる**障害物**。

動かせない障害物や**不可分な物**の一部(例えば、門、ドア、取り付けられたケーブルの一部)がこれらの2つの基準に合致する場合、その部分は**動かせる障害物**として扱われる。

しかし、**動かせない障害物**や**不可分な物**の動かせる部分が動かすことを意図して作られていない場合(例えば、石壁の一部から分離した石)にはこの規定は適用しない。

障害物が動かせる場合であっても、**委員会**はそれを**動かせない障害物**として定めることができる。

オナー

ティーイングエリアから最初にプレーするプレーヤーの権利(規則6.4参照)。

改善

プレーヤーが**ストローク**に対して潜在的な利益を得るためにその**ストローク**に**影響を及ぼす状態**、またはプレーに影響を及ぼす他の物理的な状態の1つまたは複数を変えること。

外的影響

プレーヤーの球、用具、コースに起きることに影響を及ぼす可能性のある次の
人や物：

- すべての人(別のプレーヤーを含む)。ただし、プレーヤー、またはそのキャ
  ディー、プレーヤーのパートナーや相手、それらのキャディーを除く。

- すべての動物。

- すべての自然物、人工物やその他の物(動いている別の球を含む)。ただし、
  自然の力を除く。

- 人工的に発生させた風や水(例えば、送風機や灌漑システムなど)。

完全な救済のニヤレストポイント

異常なコース状態(規則16.1)、危険な動物の状態(規則16.2)、目的外グリーン
(規則13.1f)、プレー禁止区域(規則16.1fと規則17.1e)から罰なしの救済を受け
るため、または特定のローカルルールに基づいて救済を受けるときの基点。

この基点は次の要件を満たして球があるものと推定された地点である：

- 球の元の箇所に最も近く、しかし、その箇所よりホールに近づかない。

- 要求されるコースエリア内。

- そのストロークに対して救済を受けようとしている状態からの障害(使用され
  る規則に基づく)がなくなる所。そのストロークとは、もしその状態が元の箇
  所になかったらプレーヤーが元の箇所から行っていたであろうストロークを
  意味する。

この基点を推定するときには、プレーヤーはそのストロークで使用していたで
あろうクラブの選択、スタンス、スイング、プレーの線を特定する必要があ
る。

プレーヤーは選択したクラブを持って実際のスタンスをとったり、スイングし
たりすることによってそのストロークを試してみる必要はない(しかし、プレー
ヤーが正確に推定をするためには通常はそうすることが勧められる)。

完全な救済のニヤレストポイントは救済を受けている特定の状態だけを対象と
しているので、他の何かによって障害が生じる場所となることもある：

- プレーヤーが救済を受けた後、救済が認められる別の状態による障害が生じ
  た場合、そのプレーヤーは改めて、新しい状態からの新しい完全な救済のニ
  ヤレストポイントを決定することによって救済を受けることができる。

- 救済は各状態から別々に受けなければならない。**ただし、**すでに各状態から別々に救済を受けたが、それらの別々の救済を受け続けても互いの状態による障害が繰り返されると結論づけることが合理的な場合、プレーヤーは両方の状態からの救済を同時に受けることができる(この場合、両方の状態からの**完全な救済のニヤレストポイント**を決定することになる)。

キャディー

次の方法を含め、ラウンド中にプレーヤーを助ける人:

- <u>クラブを持って行くこと、運ぶこと、扱うこと</u>:プレー中にプレーヤーのクラブを持って行く、運ぶ(例えば、カートやトロリーで)、扱う人は、プレーヤーによって**キャディー**として指名されていなかったとしても、そのプレーヤーの**キャディー**である。**ただし、**邪魔にならない所にプレーヤーのクラブ、バッグ、カートを移動するためや、親切心から行動(例えば、プレーヤーが置き忘れたクラブを取りに行く)した場合を除く。

- <u>アドバイスを与えること</u>:プレーヤーの**キャディー**は(パートナーやパートナーのキャディーを除き)、プレーヤーが**アドバイス**を求めることができる唯一の人である。

キャディーは規則が認める他の方法でプレーヤーを助けることもできる(規則10.3b参照)。

救済エリア

プレーヤーが規則に基づいて救済を受けるときに球を**ドロップ**しなければならないエリア。後方線上の救済(規則16.1c(2)、17.1d(2)、19.2b、19.3参照)の例外があるが、各救済規則はプレーヤーに次の3つの要素に基づく大きさと場所を持つ特定の**救済エリア**を使用することを要求する:

- <u>基点</u>:**救済エリア**の大きさを計測するときの起点。

- <u>基点から計測する**救済エリア**の大きさ</u>:**救済エリア**は基点から1クラブレングスか、2クラブレングスのいずれかとなる。しかし、一定の制限がある。

- <u>**救済エリア**の場所の制限</u>:**救済エリア**の場所は1または複数の方法で制限されることがある。例えば:

  » 特定の定義された**コースエリア**だけとなる(例えば、**ジェネラルエリア**だけ、または**バンカー**や**ペナルティーエリア**の外)。

  » 基点よりも**ホール**に近づかない。または救済を受けている**ペナルティーエリア**や**バンカー**の外でなければならない。

  » 救済を受けている状態による障害(特定の規則で定めている)がなくなる

所。

後方線上の救済では、プレーヤーは使用される規則によって認められる場所の線上に**ドロップ**しなければならず、**ドロップ**したときにその球が最初に地面に触れた線上の箇所が**救済エリア**を定め、その**救済エリア**はその地点からどの方向にも1**クラブレングス**となる。

プレーヤーが後方線上の救済を使用する際に再度、または2回目の**ドロップ**をしなければならない場合、そのプレーヤーは次のことができる:

- 球を**ドロップ**する箇所を変えて(例えば、**ホール**より近く、または遠くに**ドロップ**する)、その箇所に基づいて**救済エリア**を変える。

- 違う**コースエリア**に**ドロップ**する。

しかし、そうすることで規則14.3cの適用の方法は変わらない。

救済エリアの大きさを決定するために**クラブレングス**を使用する場合、プレーヤーは溝、穴または類似の物を直接越えて計測することができるし、物(例えば、木、フェンス、壁、トンネル、排水管やスプリンクラーヘッド)を直接越えて、または中を通して計測することができる。**しかし、自然にうねった地面の中を通して計測することは認められない。**

委員会の措置、セクション2I(委員会はプレーヤーが特定の救済を受ける場合に救済エリアとしてドロップゾーンの使用を認める、または要求することを選択することができる)参照。

境界物

アウトオブバウンズを定める、または示している人工物(例えば、壁、フェンス、杭、レーリング)で罰なしの救済は認められない。

境界物には境界フェンスの基礎や柱を含む。**しかし、次のものは含まない:**

- 壁やフェンスに取り付けられた支柱やガイワイヤ。

- 壁やフェンスを乗り越えたり、通り抜けるために使用する門、階段、橋、類似の建造物。

境界物はその全体または一部を動かすことができたとしても、動かせないものとして扱われる(規則8.1a参照)。

境界物は障害物でも、**不可分な物**でもない。

クラブレングス

ラウンド中にプレーヤーが持っている14本(またはそれ以下)のクラブ(規則

4.1b(1)で認められる通り)のうち、パター以外で最も長いクラブの長さ。

クラブレングスは各ホールのそのプレーヤーの**ティーイングエリア**を定めるときや、規則に基づいて救済を受ける場合にそのプレーヤーの**救済エリア**のサイズを決定するときに使用される計測単位である。

これらのエリアを計測する目的のために、クラブのトーからグリップのバットエンドまでのクラブの全体の長さが使用される。**しかし**、そのグリップエンドに取り付けられた物は**クラブレングス**の一部ではない。

コース

委員会が設定した**境界**の縁の内側のすべての**プレーエリア**：

- 境界の縁の内側のすべてのエリアは**インバウンズ**であり、**コース**の一部である。
- 境界の縁の外側のすべてのエリアは**アウトオブバウンズ**であり、**コース**の一部ではない。
- 境界の縁は地面の上方と、地面の下方の両方に及ぶ。

コースは5つの定義された**コースエリア**で構成されている。

コースエリア

コースを構成する次の5つの定義されたエリア：

- **ジェネラルエリア**。
- プレーヤーがプレーするホールをスタートするときにそこからプレーしなければならない**ティーイングエリア**。
- すべての**ペナルティーエリア**。
- すべての**バンカー**。
- プレーヤーがプレーしているホールの**パッティンググリーン**。

誤球

次のプレーヤーの球以外のすべての球：

- **インプレー**の球(元の球か、**取り替えた**球かにかかわらず)。
- **暫定球**(規則18.3cに基づいて放棄する前の)。
- 規則14.7bや規則20.1cに基づいて**ストロークプレー**でプレーした第2の球。

誤球の例：

- 別のプレーヤーの**インプレー**の球。

- 捨てられている球。

- プレーヤー自身の球で**アウトオブバウンズ**となっている球、**紛失球**となった球、あるいは拾い上げていてまだ**インプレー**に戻していない球。

誤所

プレーヤーが自分の球をプレーすることを規則が求めている、または認めている場所以外の**コース**上のすべての場所をいう。

誤所からのプレーの例：

- 誤った箇所に球を**リプレース**してプレーすること、または規則が**リプレース**を求めているのに**リプレース**をせずにプレーすること。

- **ドロップ**した球を所定の**救済エリア**の外からプレーすること。

- 誤った規則に基づいて救済を受け、その結果、球を規則に基づいて認められていない場所に**ドロップ**し、規則に基づいて認められない場所からプレーすること。

- **プレー禁止区域**から球をプレーすること、または**プレー禁止区域**がプレーヤーの意図する**スタンス**やスイング区域の障害となるときに球をプレーすること。

プレーヤーは次の状況では**誤所**からプレーしたことにはならない。

- ホールのプレーをスタートするときに、**ティーイングエリア**の外から球をプレーした、またはその誤りを訂正しようとしているときに**ティーイングエリア**の外からプレーした(規則6.1b参照)。

- プレーヤーが**ストローク**を再プレーしなければならないのに、再プレーをせずに球が止まった箇所からプレーをした。

最大限の救済を受けることができるポイント

完全な救済の**ニヤレストポイント**がない場合に、バンカー(規則16.1c)やパッティンググリーン(規則16.1d)の**異常なコース状態**から罰なしの救済を受けるための基点。

この基点は次の要件を満たして球があるものと推定された地点である：

- 球の元の箇所に最も近く、**しかし**、その箇所よりも**ホール**に近づかない。

- 要求された**コースエリア**内。

- その**異常なコース状態**がなかったら元の箇所から行っていたであろう**ストロー**

クに対してその状態による障害が最小となる所。

この基点を推定するときには、プレーヤーはその**ストローク**で使用していたであろうクラブの選択、**スタンス**、スイング、**プレーの線**を特定する必要がある。

プレーヤーは選択したクラブを持って実際の**スタンス**をとったり、スイングしたりすることによってその**ストローク**を試してみる必要はない(しかし、プレーヤーが正確に推定をするためには通常はそうすることが勧められる)。

最大限の救済を受けることができるポイントは、球の**ライ**と、プレーヤーの意図する**スタンス**とスイング、そして**パッティンググリーン**に限り**プレーの線**に対する相対的な障害の程度を比較することによって見つけられる。例えば、一時的な水からの救済を受ける場合:

- **最大限の救済を受けることができるポイント**は、プレーヤーが立つ所よりも球が浅い水の中にある所かもしれないし(**ライ**やスイングよりも**スタンス**に影響する)、またはプレーヤーが立つ所よりも球が深い水の中にある所かもしれない(**スタンス**よりも**ライ**とスイングに影響する)。
- **パッティンググリーン**上で、**最大限の救済を受けることができるポイント**は球が**一時的な水**の最も浅い所を通過することになる**プレーの線**に基づくかもしれないし、または球が最も短距離でその水を通過することになる**プレーの線**に基づくかもしれない。

最大スコア

プレーヤー、または**サイド**のホールのスコアが**委員会**が設定した最大ストローク数(行った**ストローク**と罰打を含む)に制限する(例えばパーの2倍、決められた数字、ネットダブルボギー)**ストロークプレー**の1つの形式。

サイド

マッチプレーや**ストロークプレー**でラウンドを一つのユニットとして競う2人以上のパートナー。

各パートナーが自分の球をプレーする(フォアボール)か、またはパートナーたちで1つの球をプレーする(フォアサム)かにかかわらず、**パートナー**たちの各組が1つの**サイド**となる。

サイドはティームと同じではない。ティーム競技では、各ティームは個人または**サイド**として競うプレーヤーたちで構成する。

暫定球

プレーヤーによってプレーされたばかりの球が次の可能性がある場合にプレー

される別の球：

- アウトオブバウンズ。

- ペナルティーエリア以外で紛失。

暫定球はプレーヤーの**インプレー**の球ではない(規則18.3cに基づいて**インプ レー**の球となる場合を除く)。

ジェネラルエリア

コース全体から他の4つの定義されたエリア(つまり(1) プレーヤーがプレーする ホールをスタートするときにそこからプレーしなければならない**ティーイング エリア**、(2)すべての**ペナルティーエリア**、(3)すべての**バンカー**、(4)プレー ヤーがプレーしているホールの**パッティンググリーン**)を除いた**コースエリア**。

ジェネラルエリアには次を含む：

- **ティーイングエリア**以外の**コース**上のすべてのティーイング場所。

- すべての**目的外グリーン**。

自然の力

風、水などの自然の影響、または重力の影響により明らかな理由がなく何かが 起きる場合。

地面にくい込む

プレーヤーの球がそのプレーヤーの直前の**ストローク**の結果として作られたそ の球のピッチマークの中にあり、その球の一部が地表面より下にある場合。

地面にくい込んだことになるために球は必ずしも土に触れる必要はない(例え ば、草や**ルースインペディメント**が球と土の間にあることもある)。

重大な違反

ストロークプレーで、**誤所**からのプレーが正しい場所から行われる**ストローク** と比較してプレーヤーに著しい利益を与える可能性がある場合。

重大な違反があったかどうかを決めるための比較をする場合、考慮に入れる要 素には次のものを含む：

- その**ストローク**の難易度。

- 球から**ホール**までの距離。

- プレーの**線**上にある邪魔な物の影響。

- **ストローク**に影響を及ぼす状態。

重大な違反の概念は**マッチフレー**には適用しない。なぜなら、プレーヤーが誤所からプレーした場合、そのプレーヤーはそのホールの負けとなるからである。

修理地

委員会が**修理地**と定める(マーキングや他の方法により)**コース**のすべての部分。定めた**修理地**には次の両方を含む:

- その定めた区域の縁の内側のすべての地面。

- その定めた区域内に根付いているすべての草、ブッシュ、木、その他の生長または付着している自然物。これらには地面の上方でその定めた区域の縁の外側に伸びた部分が含まれる。**しかし**、その定めた区域の縁の外側の地面に付着していたり、その縁の外側の地下にある部分(例えば、その縁の内側に根付いている木の一部である木の根)は含まれない。

また、**委員会**が**修理地**として定めていなかったとしても次のものは**修理地**に含まれる:

- 次のときに**委員会**、または管理スタッフが作った穴:

  » **コースセットアップ**(例えば、杭を取り除いた穴や、別のホールのプレーのために使用しているダブルグリーン上の**ホール**)。

  » **コース**管理(例えば、芝、切り株を取り除くときにできた穴やパイプラインを設置するときにできた穴。**しかし**、エアレーションホールを除く)。

- 後で移すために積まれた刈草、葉、他の物。**しかし**:

  » 移すために積まれた自然物は**ルースインペディメント**でもある。

  » 移すことを意図せずに**コース**上に残されている物は、**委員会**が**修理地**として定めていなければ、**修理地**ではない。

- プレーヤーの球の近くにあるためにプレーヤーの**ストローク**や**スタンス**により損傷する可能性のある**動物**の住処(例えば、鳥の巣)。**ただし、ルースインペディメント**として定義されている**動物**(例えば、ミミズや昆虫)によって作られた住処を除く。

修理地の縁は杭、線、物理的な特徴を持った物で定めるべきである:

- 杭:杭で定める場合、**修理地**の縁は、地表レベルでその杭と杭の外側を結んだ線で定め、その杭は**修理地**内である。

- 線:地面上に塗った線で定める場合、**修理地**の縁はその線の外側の縁となり、線自体は**修理地**内である。

- 物理的な特徴を持った物：物理的な特徴を持った物(例えば、花壇やターフナーセリ)で定める場合、**委員会**は**修理地**の縁を定める方法を告知するべきである。

修理地の縁が線や物理的な特徴を持った物で定められている場合、**修理地**の存在を示すために杭を使用することができる。

杭が**修理地**の縁を定める、また示すために使用されている場合、その杭は**障害物**である。

障害物

不可分な物と**境界物**を除くすべての人工物。

障害物の例：

- 人工の表面を持つ道路(これらの人工的な縁石を含む)。
- 建物、避難小屋。
- スプリンクラーヘッド、排水口、灌漑ボックスまたは制御ボックス。
- 杭、壁、レーリング、フェンス(しかし、これらが**コース**の境界縁を定める、または示す**境界物**である場合を除く)。
- ゴルフカート、芝刈り機、車、他の車両。
- ゴミ箱、案内標識、ベンチ。
- プレーヤーの用具、**旗竿**、レーキ。

障害物は**動かせる障害物**か、**動かせない障害物**のいずれかとなる。**動かせない障害物**の一部(例えば、門、ドア、取り付けられたケーブルの一部)が**動かせる障害物**の定義に合致する場合、その部分は**動かせる障害物**として扱われる。

ペイントした点や線(境界や**ペナルティーエリア**を定めるために使用されるものなど)は**障害物**ではない。

委員会の措置、セクション8；ローカルルールひな型F-23(委員会は特別な救済処置を適用するために特定の障害物を臨時の**動かせない障害物**として定めるローカルルールを採用することができる)参照。

スコアカード

ストロークプレーで、各ホールのプレーヤーのスコアを記入するカード。

スコアカードは次のことを可能とする**委員会**が承認した書面や、電子形式とすることができる：

- 各ホールのプレーヤーのスコアを記入すること。

- 物理的な署名や委員会が認めた電子的認証によって**マーカー**と**プレーヤー**がそのスコアを証明すること。

マッチプレーでは**スコアカード**を要求しないが、マッチのスコアを記入しておくために**プレーヤー**が使用することがある。

スタンス

ストロークの準備や、**ストローク**を行うときの**プレーヤー**の足と体の位置。

規則25.4d (移動補助器具を使う**プレーヤー**については、**ストローク**の準備、**ストローク**を行う際の移動補助器具の位置を含めるようにこの定義は修正される)を参照。

ステーブルフォード

ストロークプレーの1つの形式で、次のものをいう:

- **プレーヤー**や**サイド**のホールのスコアは、その**プレーヤー**や**サイド**のホールの**ストローク**数(行った**ストローク**と罰打を含む)と**委員会**が設定したそのホールに決められた目標スコアとを対比して与えられるポイントに基づく。

- すべての**ラウンド**を終了し、最高点で終えた**プレーヤー**や**サイド**が競技の優勝者となる。

ストローク

球を打つために行われるクラブの前方への動き。

しかし、次の場合には**プレーヤー**は**ストローク**を行ったことにはならない:

- ダウンスイングの間に球を打たないことに決めて、クラブヘッドが球に届く前に、そのクラブヘッドを意図的に止めること、または止めることができない場合に意図的に空振りをすることによって打つことを避けた場合。

- 練習スイングを行っているときや、**ストローク**を行う準備をしている間に偶然に球を打った場合。

規則が「球をプレーすること」に言及する場合、その意味は**ストローク**を行うことと同じである。

ホールや**ラウンド**の**プレーヤー**のスコアは、すべての行った**ストローク**と罰打の両方を意味する「**ストローク**」または「すでに行った**ストローク**」の数として表される(規則3.1c参照)。

ストロークと距離

プレーヤーが直前の**ストローク**を行った所から球をプレーすることによって規

249

則17, 規則18, 規則19に基づいて救済を受ける場合の処置と罰(規則14.6参照)。

ストロークと距離という用語は次の両方を意味する：

- プレーヤーが1打の罰を受ける。

- プレーヤーが直前の**ストローク**を行った箇所から**ホール**に向けて得た距離の利益を失う。

ストロークに影響を及ぼす状態

プレーヤーの止まっている球の**ライ**、意図する**スタンス**区域、意図するスイング区域、**プレーの線**、そのプレーヤーが球を**ドロップ**またはプレースすることになる**救済エリア**。

- 「意図する**スタンス**区域」には、(i)プレーヤーが足を置くことになる場所と、(ii)意図する**ストローク**の準備やその**ストローク**を行うときにプレーヤーの体を位置させる方法と場所に合理的に影響を及ぼすかもしれないすべての区域の両方を含む。

- 「意図するスイング区域」には、意図する**ストローク**のためのバックスイング、ダウンスイング、スイングの終了に合理的に影響を及ぼすかもしれないすべての区域を含む。

- 「ライ」、「プレーの線」、「救済エリア」という各用語には定義がある。

ストロークプレー

プレーヤーや**サイド**がその競技のすべての他のプレーヤーや**サイド**と競うプレー形式。

ストロークプレーの通常の形式(規則3.3参照)：

- ラウンドのプレーヤーや**サイド**のスコアは各ホールをホールアウトした**ストローク**数(行った**ストローク**と罰打を含む)の合計となる。

- すべての**ラウンド**を最も少ない合計**ストローク**で終了したプレーヤーや**サイド**が勝者となる。

スコアリング方法が異なる**ストロークプレー**の他の形式はステーブルフォード、**最大スコア**、パー/ボギー(規則21参照)である。

すべての**ストロークプレー**の形式は個人競技(各プレーヤーが1人で競う)か、パートナーたちの**サイド**が関与する競技(**フォアサム**や**フォアボール**)のいずれかでプレーすることができる。

スリーボール

次のマッチプレーの形式：

- 3人のプレーヤーが同時に他の2人を**相手**に個別のマッチをプレーする。

- 各プレーヤーは1つの球をプレーし、その球が両方のマッチで使用される。

ティー

球を**ティーイングエリア**からプレーするときに、その球を地面から上げるために使用する物。**ティー**は4インチ(101.6mm)以下の長さで、**用具規則**に適合していなければならない。

ティーイングエリア

プレーヤーがプレーするホールをスタートするときに最初にそこからプレーしなければならないエリア。

ティーイングエリアは次の方法で定めた奥行2**クラブレングス**の長方形である：

- 前の縁は**委員会**が設置した2つのティーマーカーの最も前方を結ぶ線によって定められる。

- 横の縁は2つのティーマーカーの外側から後方の線によって定める。

ティーイングエリアは5つの定義された**コースエリア**の1つである。

コース上(同じホールか、他のホールかにかかわらず)にあるすべての他のティーイング場所は**ジェネラルエリア**の一部である。

動物

人間以外の**動物**界のすべての生き物で、哺乳類、鳥類、爬虫類、両生類、無脊椎**動物**(例えば、ミミズ、昆虫、クモ、甲殻類)を含む。

動物の穴

動物が地面に掘った穴。ただし、**ルースインペディメント**としても定義される**動物**(例えば、ミミズや昆虫)が掘った穴を除く。

動物の穴という用語には次のものを含む：

- **動物**が穴から掘り出して分離している物。

- その穴に通じるすり減った獣道や痕跡。

- **動物**が地下に穴を掘った結果、盛り上がった、または変化した地面のすべて

の区域。

動物の穴には、**動物の穴**に通じるすり減った獣道や痕跡の部分ではない**動物**の足跡は含まない。

取り替え

プレーヤーが別の球を**インプレー**の球にしてホールをプレーするために使用している球を替えること。

次の場合にかかわらず、元の球に**取り替えて**どのような方法でも別の球を**インプレー**にした場合(規則14.4参照)、その別の球は**取り替えた**ことになる:

- 元の球が**インプレー**であった。
- 元の球が**コース**から拾い上げられていた、または**紛失球**、**アウトオブバウンズ**であるためにもはや**インプレー**ではなかった。

取り替えた球は、たとえ次の場合であっても、そのプレーヤーの**インプレー**の球となる:

- その**取り替えた**球を間違った方法で、または**誤所**に**リプレース**した、**ドロップ**した、**プレース**した。
- プレーヤーが規則に基づいて元の球を**インプレー**に戻すことを要求されていたのに、その別の球に**取り替えた**。

ドロップ

球を持ち、その球を**インプレー**にする意図を持って空中を落下するように**離す**こと。

プレーヤーが球を**インプレー**にする意図なしに球を**離した**場合、その球は**ドロップ**したことにはならず、**インプレー**にはならない(規則14.4参照)。

各救済規則が球を**ドロップ**する、そしてその球が止まらなければならない具体的な**救済エリア**を特定している。

救済を受ける場合、プレーヤーは球を膝の高さから**離さ**なければならず、次の要件を満たさなければならない:

- プレーヤーが球を投げたり、回転をかけたり、転がしたりせずに、または球が止まることになる場所に影響を及ぼす可能性のあるその他の動きをせずに、球を真っすぐに落下させなければならない。
- 球が地面に落ちる前にそのプレーヤーの体や**用具**に当たってはならない(規則14.3b参照)。

パー/ボギー

マッチプレーのようなスコアリングを使用する**ストロークプレー**の形式：

- プレーヤーまたは**サイド**は、**委員会**が設定したホールに決められた目標スコアより少ない、またはその目標スコアより多い**ストローク**(行った**ストローク**と罰打を含む)でそのホールを終了することによりそのホールの勝ち、または負けとなる。

- 競技は、勝ったホール数の合計が負けたホール数の合計と比べて最も多いプレーヤー、または**サイド**が勝ちとなる(つまり、勝ったホールを加え、負けたホールを引く)。

パートナー

マッチプレーか**ストロークプレー**のいずれかで、**サイド**としてプレーヤーと共に競うもう1人のプレーヤー。

旗竿

ホールの場所をプレーヤーに示すために**委員会**が準備して**ホール**の中に立てた動かせるポール。**旗竿**にはそのポールに取り付けた旗と他の素材や物を含む。

クラブや棒のような人工的な物あるいは自然物が**ホール**の位置を示すために使われている場合、規則の適用については、それは**旗竿**であるものとして扱われる。

旗竿の要件は**用具規則**の中で明記している。

パッティンググリーン

プレーヤーがプレーしているホールの次のエリア：

- パッティングのために特別に作られたエリア。
- **委員会**がパッティンググリーンとして定めたエリア(例えば、臨時のグリーンを使用する場合)。

ホールのパッティンググリーンにはプレーヤーが球をプレーして入れようとする**ホール**がある。

パッティンググリーンは5つの定義された**コースエリア**の1つである。プレーヤーがそのときプレーしていない他のすべてのホールの**パッティンググリーン**は、**目的外グリーン**であり、ジェネラルエリアの一部である。

パッティンググリーンの縁は特別に作られたエリアが始まると見て分かる所によって定める(例えば、縁を示すために明確に芝が刈られている所)。ただし、

委員会が違った方法(例えば、線や点を使用することにより)でその縁を定めている場合を除く。

2つの異なったホールのためにダブルグリーンを使用している場合：

- 2つの**ホール**が設置されている**パッティンググリーン**はどちらのホールをプレーしているときでも**パッティンググリーン**として扱われる。

- しかし、**委員会**はダブルグリーンを2つの異なった**パッティンググリーン**に分ける縁を定めることができ、プレーヤーが2つの**ホール**のうちの1つをプレーしている場合、その縁を境にして他のホールのために使用されているダブルグリーンの部分は**目的外グリーン**である。

バンカー

バンカーとするために作られた砂のエリアで、芝や土が取り除かれて窪みとなっている場合が多い。

次の部分は**バンカー**の一部ではない：

- その作られたエリアの縁で土、草、積み芝、または人工物で構成するへり、壁(または法面)。

- 土やその作られたエリアの縁の内側に生長している、または付着しているすべての自然物(例えば、草、ブッシュ、木)。

- その作られたエリアの縁の外側にある、または、飛び散っている砂。

- その作られたエリアの縁の内側ではない**コース**上の他のすべての砂の区域(例えば、砂漠や他の自然の砂の区域、またはウェストエリアと言われることがある区域)。

バンカーは5つの定義された**コースエリア**の1つである。

委員会は作られた砂のエリアを**ジェネラルエリア**の一部として定めたり(つまり**バンカー**ではない)、作られていない砂の区域を**バンカー**として定めることができる。

バンカーが修理中で**委員会**がその**バンカー**全体を**修理地**として定める場合、その**バンカー**はジェネラルエリアの一部として扱われる(つまり**バンカー**ではない)。

この定義と規則12で使用する「砂」という言葉には、砂の中に混ぜられている土と同様に、**バンカー**の素材として使用する砂に類似するすべての素材(例えば、粉砕された貝)を含む。

フォアサム(通称「オルタネートショット」)

2人のパートナーが1つのサイドとして各ホールで1つの球を交互にプレーして競技するプレー形式。

フォアサムを2人のパートナーからなるサイドと、2人のパートナーからなる別のサイドとのマッチプレー競技としてプレーすることができるし、2人のパートナーからなる複数のサイド間でストロークプレー競技としてプレーすることもできる。

フォアボール

2人のパートナーからなるサイドの各プレーヤーが自分自身の球をプレーして競うプレー形式。ホールのサイドのスコアはそのホールの2人のパートナーのうち少ない方のスコアとなる。

フォアボールを2人のパートナーからなるサイドと2人のパートナーからなる別のサイドでのマッチプレー競技としてプレーすることもできるし、2人のパートナーからなる複数のサイド間でストロークプレー競技としてプレーすることもできる。

不可分な物

委員会がコースをプレーする上で挑戦の一部として定めた罰なしの救済が認められない人工物。

不可分な物は動かせないものとして扱われる(規則8.1a参照)。しかし、不可分な物の一部(例えば、門、ドア、取り付けられたケーブルの一部)が動かせる障害物の定義に合致する場合、その部分は動かせる障害物として扱われる。

委員会が不可分な物として定めた人工物は障害物でも境界物でもない。

プレーの線

プレーヤーがストローク後に自分の球にとらせたい線で、その線には地面の上方と、その線の両側に合理的な距離を持つその線上の範囲を含む。

プレーの線は2つの点を結ぶ直線とは限らない(例えば、プレーヤーが球にとらせたい場所に基づいて曲線となることもある)。

プレー禁止区域

委員会がプレーを禁止したコースの一部。プレー禁止区域は異常なコース状態か、ペナルティーエリアのいずれかの部分として定めなければならない。

委員会はどのような理由でもプレー禁止区域を採用することができる。例えば：

- 野生生物、**動物**の住処、環境保護区を保護すること。
- 若木、花壇、ターフナーセリ、芝の張り替え区域、他の植栽区域への損傷を防止すること。
- 危険からプレーヤーを保護すること。
- 歴史的、または文化的な価値のある場所を保存すること。

委員会は線または杭で**プレー禁止区域**の縁を定めるべきで、その**プレー禁止区域**が普通の**異常なコース状態**や**ペナルティーエリア**とは異なるものであることが識別できる線または杭(杭の上部に印をつけるなど)を使用するべきである。

紛失

プレーヤー、またはその**キャディー**(またはプレーヤーの**パートナー**や**パートナー**の**キャディー**)が球を捜し始めてから3分以内に見つからない球の状態。球はプレーヤーが**紛失**であると宣言することでは**紛失**とはならない。

プレーヤーが自分の代わりに他の人が捜索することを許すために、その捜索の開始を故意に遅らせた場合、その捜索時間はそのプレーヤーがその区域への到着を遅らせていなかったとしたら捜索のための場所に着いていたと思われる時間に始まる。

捜索が始まり、その後に正当な理由があって一時的に中止した場合(例えば、プレーが中断されて捜すことを止めた場合、または別のプレーヤーがプレーするのを脇に寄って待つ必要がある場合)、または**誤球**を自分の球だと勘違いした場合:

- 捜索を中止してから再開するまでの間の時間はカウントしない。
- 捜索のために認められる時間は、中止前と捜索再開後の捜索時間を合計して3分となる。

ペナルティーエリア

プレーヤーの球がそこに止まった場合、1打の罰で救済が認められるエリア。

ペナルティーエリアは次の区域をいう:

- **コース**上のすべての水域(**委員会**によってマーキングされているかどうかにかかわらず)で、海、湖、池、川、溝、地上にある排水路またはその他の水路(水がなかったとしても)を含む。
- **委員会**が**ペナルティーエリア**として定める**コース**の他のすべての部分。

ペナルティーエリアは5つの定義された**コースエリア**の1つである。

マーキングに使用する色によって区別される2つの異なったタイプのペナルティーエリアがある:

- イエローペナルティーエリア(黄線または黄杭でマークする)では、プレーヤーに2つの救済の選択肢(規則17.1d(1)と(2))がある。
- レッドペナルティーエリア(赤線または赤杭でマークする)では、プレーヤーがイエローペナルティーエリアに対してとることのできる2つの救済の選択肢に加え、ラテラル救済の選択肢(規則17.1d(3))がある。

ペナルティーエリアの色を委員会がマーキングしていなかった、特定していなかった場合はレッドペナルティーエリアとして扱う。

ペナルティーエリアの縁は地面の上方と、地面の下方の両方に及ぶ:

- このことは、その縁の内側のすべての地面とその他の物(例えば、自然物や人工物)は、地面の上、上方、地下のどこにあっても、そのペナルティーエリアの一部であることを意味する。
- 物がその縁の内側と外側の両方にまたがる場合(例えば、ペナルティーエリアにかかる橋、根元は縁の内側にあるが枝は縁の外側に伸びている木(またはその逆))、その縁の内側にある部分だけがペナルティーエリアの一部となる。

ペナルティーエリアの縁は杭、線、または物理的な特徴を持つ物で定めるべきである:

- 杭:杭で定める場合、ペナルティーエリアの縁は、地表レベルでその杭と杭の外側を結んだ線で定め、その杭はペナルティーエリア内である。
- 線:地面上に塗った線で定める場合、そのペナルティーエリアの縁はその線の外側の縁となり、線自体はそのペナルティーエリア内である。
- 物理的な特徴を持った物:物理的な特徴を持った物(例えば、砂浜、砂漠地帯、保護壁)で定める場合、委員会はそのペナルティーエリアの縁を定める方法を告知するべきである。

ペナルティーエリアの縁を線や物理的な特徴を持った物で定めている場合、ペナルティーエリアの場所を示すために杭を使用することができる。

ペナルティーエリアの縁を定める、また示すために杭を使用する場合、その杭は障害物である。

委員会がペナルティーエリアの縁を定める際に、明らかにペナルティーエリアの一部である水域を誤って含めなかった場合(例えば、ペナルティーエリアの一部がジェネラルエリアになってしまうような場所に杭を設置した)、そのエリアはペナルティーエリアの一部である。

委員会が水域の縁を定めていない場合、**ペナルティーエリア**の縁はその自然な境界によって定める(つまり、水を溜める窪みの傾斜が始まる所)。

地上の水路に普段は水が入っていない場合(例えば、雨季以外では水のない排水路や貯留区域)、**委員会**はその区域を**ジェネラルエリア**の一部(つまり**ペナルティーエリア**ではない)として定めることができる。

ホール

プレーしている**ホール**のパッティンググリーン上の終了地点:

- **ホール**は直径4.25インチ(108mm)でなければならず、深さは少なくとも4インチ(101.6mm)なければならない。
- ライナーを使用する場合、その外径は4.25インチ(108mm)を超えてはならない。ライナーは**パッティンググリーン**面より少なくとも1インチ(25.4mm)沈めなければならない。ただし、土質によりライナーを**パッティンググリーン**面に近づける必要がある場合を除く。

「ホール」(明朝体の太字で定義として使用されていない場合)という言葉は、特定の**ティーイングエリア**、**パッティンググリーン**、ホールと関連する**コース**の部分という意味で規則のあらゆるところで使用される。ホールのプレーは**ティーイングエリア**から始まり、球がその**パッティンググリーン**上の**ホール**に入ったとき(または規則が別途、そのホールの終了を規定しているとき)に終わる。

ホールに入る

球が**ストローク**後に**ホール**の中に止まり、球全体が**パッティンググリーン**面より下にあるとき。

規則が「ホールアウトする」、「ホールアウト」と言及する場合、それはプレーヤーの球が**ホール**に入ったときを意味する。

球がホールの中の**旗竿**に寄りかかって止まっている特別なケースについては、規則13.2cを参照のこと(球の一部が**パッティンググリーン**面より下にあればその球は**ホール**に入ったものとして扱われる)。

ボールマーカー

拾い上げる球の箇所を**マーク**するために使用する人工物(例えば、**ティー**、コイン、ボールマーカーとして作られた物や別の小さい**用具**)。

規則が「ボールマーカーが動かされること」に言及する場合、そのボールマーカーとは拾い上げていてまだ**リプレース**していない球の箇所を**マーク**するために**コース**上の所定の位置にあるボールマーカーのことを意味する。

マーカー

ストロークプレーでは、プレーヤーのスコアをそのプレーヤーの**スコアカード**に記入することと、その**スコアカード**を証明することについて責任を負う人。**マーカー**には別のプレーヤーがなることができる。**しかし、パートナー**はなることはできない。

委員会はプレーヤーの**マーカー**になる人を指定することができ、またプレーヤーが**マーカー**を選択する方法を指示することができる。

マーク

次のいずれかの方法によって止まっている球の箇所を示すこと：

• **ボールマーカー**を球の直後、または球のすぐ近くに置くこと。

• クラブを球の直後、または球のすぐ近くの地面の上に留めておくこと。

球を拾い上げた後、その球を**リプレース**しなければならない場合にその箇所を示すために**マーク**は行われる。

マッチプレー

プレーヤーまたは**サイド**が相手または相手となる**サイド**と1または複数の**ラウンド**のマッチで直接対戦してプレーするプレー形式：

• プレーヤーまたは**サイド**は、より少ない**ストローク**(行った**ストローク**と罰打を含む)でホールを終了することによりそのマッチのホールの勝ちとなる。

• プレーヤーまたは**サイド**がプレーする残りのホール数より多いホール数を相手または相手となる**サイド**からリードしたときにそのマッチの勝ちとなる。

マッチプレーはシングルマッチ(1人のプレーヤーが、1人の相手に対して直接プレーする)、**スリーボール**マッチ、2人の**パートナー**からなる**サイド**間での**フォアサム**や**フォアボール**マッチとしてプレーすることができる。

目的外グリーン

プレーヤーがプレーしているホールのパッティンググリーン以外の**コース**上のすべてのグリーン。**目的外グリーン**には次のものを含む：

• すべての他のホール(そのときにプレーヤーがプレーしていない)のパッティンググリーン。

• 臨時のグリーンが使用されているホールの通常のパッティンググリーン。

• パッティング、チッピング、ピッチングのためのすべての練習グリーン(ただし、**委員会**がローカルルールでそれらを**目的外グリーン**から除外している場

合を除く)。

目的外グリーンはジェネラルエリアの一部である。

用具

プレーヤーやそのプレーヤーの**キャディー**が使用している、身に着けている、手にしている、運んでいる物。

コース保護のために使用する物(例えば、レーキ)はプレーヤーか**キャディー**が手にしているか、運んでいる間に限り、**用具**となる。

プレーヤーのために誰かが持ち運んでいるクラブ以外の物は、それらがプレーヤーの持ち物であったとしても、**用具**ではない。

用具規則

プレーヤーが**ラウンド**中に使用することが認められるクラブ、球、他の**用具**の仕様や他の規定。**用具規則**は【RandA.orgまたはJGAホームページ】で閲覧できる。

ライ

球が止まっている箇所と、球に触れているか、球のすぐ近くにある、生長または付着している自然物、**動かせない障害物**、**不可分な物**、**境界物**。

ルースインペディメントと**動かせる障害物**は球の**ライ**の一部ではない。

ラウンド

委員会が設定した順番でプレーする18(またはそれ以下)のホール。

リプレース

球を**インプレー**にする意図を持って、球を手で接地させて放すことによって置くこと。

プレーヤーが球を**インプレー**にする意図なしに球を置いた場合、その球を**リプレース**したことにはならず、**インプレー**ではない(規則14.4参照)。

規則が球の**リプレース**を要求するときは必ず、その規則は球を**リプレース**しなければならない箇所を特定する。

規則25.3dと規則25.4e (義手や義足のプレーヤー、または移動補助器具を使うプレーヤーについては、用具を使用して球を**リプレース**することを認めるようにこの定義は修正される)を参照。

ルースインペディメント

分離した自然物。例えば：

- 石、分離した草、葉、枝、小枝。

- **動物**の死骸や排泄物。

- ミミズ、昆虫や簡単に取り除くことができる類似の**動物**、そしてそれらが作った盛り土やクモの巣(例えば、ミミズの放出物や蟻塚)。

- 圧縮された土の塊(エアレーションプラグを含む)。

次のものは分離した自然物(つまり**ルースインペディメント**)として扱わない：

- 付着している、または生長している。

- 地面に固くくい込んでいる(つまり、簡単に拾い上げることができない)。

- 球に貼り付いている。

特別な場合：

- **砂、バラバラの土**は**ルースインペディメント**ではない(これにはミミズ、昆虫または類似の**動物**によって作られた盛り土の場合を含まない)。

- **露、霜、水**は**ルースインペディメント**ではない。

- **雪と自然の氷**(霜以外)は、プレーヤーの選択で、**ルースインペディメント**か、または地面の上にある場合は**一時的な水**のいずれかとなる。

- **クモの巣**は他の物に付着していたとしても**ルースインペディメント**である。

- **球の上の生きている昆虫**は**ルースインペディメント**である。

レフェリー

事実問題を決定し、規則の適用をするために**委員会**が指名したオフィシャル。

マッチプレーでは、**レフェリー**の任務と権限は役割によって決まる。

- **レフェリー**がひとつのマッチの**ラウンド**全体に割り当てられる場合、その**レフェリー**は自分が目にしたり報告されたすべての規則違反に関する行動に対応する責任がある(規則20.1b(1)参照)。

- **レフェリー**が複数のマッチや**コース**の特定のホールや区域に割り当てられた場合、その**レフェリー**は次の場合を除いてマッチに関与する権限はない：

  » マッチのプレーヤーが規則についての支援を求めたり、裁定を要請している場合(規則20.1b(2)参照)。

261

- » マッチの一方あるいは両方のプレーヤーが規則1.2(プレーヤーの行動基準)、規則1.3b(1)(2人または複数のプレーヤーが知っている規則や罰を無視することに同意)、規則5.6a(プレーの不当の遅延)、あるいは規則5.6b(速やかなプレーのペース)の違反となるかもしれない場合。

- » プレーヤーが最初のスタート地点に遅れて到着する場合(規則5.3参照)。

- » プレーヤーが球の捜索を始めてから3分経ってしまった場合(規則5.6aと定義「**紛失**」参照)。

ストロークプレーでは、レフェリーは自分が目にしたり、報告されたすべての規則違反に対応する責任がある。そのことはその**レフェリー**が**ラウンド**全体について一つの組に割り当てられているか、複数の組、特定のホール、あるいは**コース**の区域を観視するように割り当てられているかどうかにかかわらず適用される。

マッチプレー、**ストロークプレー**で**委員会**はレフェリーの任務を制限することができる。

分かっている、または事実上確実

プレーヤーの球に起きたことを決定するための基準(例えば、球が**ペナルティーエリア**の中に止まったかどうか、球が**動いた**のかどうか、何が球を動かす原因となったのか)。

分かっている、または事実上確実は、単に可能性がある、または起こりそうであること以上のことで、次のいずれかを意味する:

・ 問題になっている出来事がプレーヤーの球に起きたという決定的な証拠がある(例えば、プレーヤー、または他の目撃者がそれが起きるのを見ていた場合)。

・ 疑念がほんのわずかにあるものの、合理的に入手可能なすべての情報は、問題になっている出来事の起きた可能性が95％以上であることを示している。

「合理的に入手可能なすべての情報」にはプレーヤーが分かっている情報と、プレーヤーが合理的な努力で、かつプレーを不当に遅らせることなく得られる他のすべての情報を含む。

球を捜索する場合、3分の捜索時間内に分かった情報だけが、**分かっている、または事実上確実**があるかどうかを決定する際に考慮される。

索引

アマチュア資格規則

アマチュアゴルフには、アマチュアゴルファーに限定された競技の歴史を含め、このゲームに深く根付いた伝統があります。アマチュア資格規則はアマチュアゴルファーとして競技する資格がある人を定めています。ゴルフは主に自主規制であり、ゴルフ規則とハンディキャッピングの規則へのプレッシャーを最小限にすることによって、このゲームの誠実性(完全性)を守る支援となるために、アマチュア資格規則は競技成績に基づいてアマチュアゴルファーが受け取ることのできる賞の形式や価値を制限しています。プレーヤーと運営者はアマチュア資格規則(RandA.org、またはJGAホームページで閲覧することができる)を理解することが重要です。

用具規則

用具規則には、ゴルフクラブ、球、他の用具のデザイン、製造に関連する規則を理解する、そして適用する際に用具メーカー、デザイナー、トーナメントオフィシャル、そしてプレーヤーを援助するために総合的な規則、仕様、ガイドラインを含んでいます。使用する用具が規則に適合していることを確認する責任はプレーヤーにあります。用具規則のインタラクティブ版はRandA.org、またはJGAホームページで閲覧することができます。そのインタラクティブ版には、公式なテストプロトコルや特定の規則、仕様、または扱われている計測技術に関するビデオ・デモンストレーションへのリンクを含んでいます。

ゴルフ規則のオフィシャルガイド

R&AとUSGAはすべてのレベルのゴルフ運営に関与する人のために作られた参考書としてゴルフ規則のオフィシャルガイドを発行しました。オフィシャルガイドはすべての規則、規則の詳説、委員会の措置、ローカルルールのひな型を収録する完全な規則資料です。実際的な状況での規則を解説する多くの図も含んでいます。オフィシャルガイドの内容はRandA.org、またはJGAホームページで閲覧することができます。

Rules of Golf

35th Edition
Effective January 2023

ゴルフ規則　2023年1月施行

2023年1月1日　初版発行

発 行 者　（公財）日本ゴルフ協会

〒104-0032　東京都中央区八丁堀 2-24-2　八丁堀第一生命ビル4階
TEL.（03）6275-2644　http://www.jga.or.jp/

発 売 元　ゴルフダイジェスト社

〒105-8670　東京都港区新橋 6-18-5
TEL.（03）3431-3060　（販売部）

印 刷 所　凸版印刷株式会社

ISBN978-4-7728-4211-2　C2075
定価：本体1,500円+税